Vorwort

Tanzen ist für die meisten Grundschullehrer ein ungewöhnlicher Unterrichtsinhalt. Wo man aber einmal mit Kindern getanzt hat, wiederholt man es immer wieder. Auch Lehrerfortbildungsveranstaltungen zum Tanzen in der Grundschule werden immer beliebter. Die außerschulische Tanzwelle kommt offenbar auf die Schule zu und hat sie an einigen Stellen schon erreicht.

Die vorliegende Veröffentlichung ist aus der Grundschularbeit erwachsen. Sie wendet sich an den „normalen" Grundschullehrer, und zwar sowohl an den Klassenlehrer wie auch an den Fachlehrer für Musik in der Grundschule. Es werden keine speziellen Fähigkeiten im Tanzen und in der Tanzpädagogik erwartet. Voraussetzung zur Umsetzung der hier gebotenen Unterrichtshilfen in pädagogisches Handeln jedoch ist Interesse und Freude an der Sache zugunsten der Kinder. Die Autoren haben auf Fachsprache verzichtet. Unvermeidliche Fachausdrücke, deren Sinn sich in der Regel auch aus dem Zusammenhang ergibt, sind erklärt. Die Auswahl der Beispiele und ihre Beschreibung beruhen auf mehrjähriger Unterrichtspraxis in der
- Sudbrackschule Bielefeld (Franz Ganslandt),
- Hermann-Löns-Grundschule Wiesbaden (Heide Merz),
- Grundschule Kapelle in Avenwedde, Kreis Gütersloh (Elisabeth Seippel).

Autoren und Herausgeber sind sich bewußt, daß in der Grundschule meistens Frauen unterrichten. Trotzdem haben wir die unterrichtende Person als Lehrer bezeichnet. Wir bitten, dieses als Synonym sowohl für männliche wie weibliche Leser und Unterrichtende anzusehen.

Hermann Große-Jäger

(1) Warum Tanzen in der Grundschule?

Zum Verhältnis von Musik und Bewegung

Eine Musikerziehung ohne Bewegung, ja eine Erziehung von Kindern überhaupt ohne Bewegung ist nicht denkbar. Das scheint selbstverständlich zu sein, und doch findet der Musikunterricht in der Grundschule zumeist im Sitzen statt. Erst im letzten Jahrzehnt wird in einschlägigen Veröffentlichungen, in Richtlinien und Lehrplänen die Bewegung zur Musik im Raum als wesentlich und unverzichtbar zum Musikunterricht gehörend genannt, obwohl die elementare Einheit von Musik und Bewegung seit Menschengedenken bekannt ist. Zwei Gründe machen es erforderlich, diese Einheit im Musikunterricht prinzipiell zu berücksichtigen. Der eine Grund ist der Bewegungsdrang der Kinder und ihre Freude an der Bewegung, der andere das Phänomen Musik selbst, das den ganzen Menschen – seine Körperlichkeit, seine Emotionen und seine Erkenntnisfähigkeit – angeht.

Jedermann weiß, daß die Bewegungslust bei Kindern sehr ausgeprägt ist, wenn sie nicht verkümmert durch Zivilisationsschäden, durch Bewegungsarmut und durch Zwang zum Stillsitzen zur unpassenden Zeit. Der Mangel an Spiel- und Bewegungsflächen und eine allgemeine Bewegungsunlust vieler Eltern führen dazu, daß der Bewegungsdrang mancher Kinder gehemmt ist und sich oft explosionsartig, ungezügelt und ziellos äußert. Viele Kinder zeigen einen auffallenden Verlust ihres Körpergefühls. Damit korrespondiert eine allgemeine Ausdrucksarmut. Wird die Bewegungslust dauernd unterbunden, wird manches Kind auch seelisch-geistig gehemmt. Denn der Mensch, besonders der junge Mensch, äußert seine Gefühle primär mit dem Körper, durch Gesten und Bewegungen. Die Förderung der Ausgeglichenheit des Gefühlshaushalts unserer Kinder ist Grund genug, für möglichst viele Gelegenheiten sinnvoller Körperbewegungen in der Schule zu sorgen. In Verbindung mit Musik können Kinder lernen, Körperbewegungen zu erfinden, zu koordinieren, zu gestalten und zu formen.

Darüber hinaus bringt die Verbindung von Musik und Bewegung vielfältige Möglichkeiten sozialer Kontakte und die Erfahrung verschiedener Sozialformen. Zwischenmenschliche Beziehungen werden durch Tanzen auf eine besondere Art erfahren und gefördert: Zuneigung kann vertieft, Abneigung abgebaut werden. Die Veränderung kindlicher Lebenswirklichkeit im Zeitalter der Medien bedeutet für viele Kinder, daß sie weniger unmittelbare Erfahrungen mit Sachen und mit Menschen machen. Darum muß sich die Grundschule verstärkt darum bemühen, vielfältige Situationen und Möglichkeiten zwischenmenschlichen Umgangs zu schaffen. Das Tanzen bietet sich deshalb dazu an, weil es keiner sprachlichen Ausdrucksfähigkeit zur Kontaktaufnahme bedarf.

Die Eigentümlichkeit kindlichen Daseins und kindlicher Lebensentfaltung ist schon Grund genug, in der Schule die Körperbewegung in Verbindung mit Musik nicht zu vernachlässigen. Ebenso zwingend fordert aber auch das Wesen der Musik selbst, sie prinzipiell in Verbindung mit der körperlichen Erfahrung zu erschließen. Vor mehr als eintausendfünfhundert Jahren schrieb Augustinus: Musik ist geordnete Bewegung. Wenn man sie in entsprechender Weise praktiziere, dann gelte auch: Musik ist bewegte Ordnung. Das Wesen der Musik also sei Bewegung, äußere und innere Bewegung, durch deren Wirkung Ordnung dargestellt und erfahrbar werde. Augustinus hat nicht an Musik für Kinder gedacht, sondern als Philosoph gefragt, was Musik „an sich" sei. Trotzdem sollte man seine zentralen Aussagen über Musik nicht übersehen, wenn wir uns fragen, wie sie in einer Weise erschlossen, erfahren und erlebt werden kann, die der Musik und den Kindern gleichermaßen gerecht wird. Müßte die Musikpädagogik nicht ständig eine Beziehung schaffen zwischen kindlicher Bewegungslust und der Musik? Dabei ist natürlich nicht nur an Bewegung im Raum zu denken, sondern auch an Arm-, Bein-, Handbewegungen allein, zu zweit und im Kreis, an Gesten, Mimik, Klatschen, Klopfen und Patschen. Bewegungen zur Musik dürfen auch nicht nur äußerlich gesehen werden. Die wichtigste, lebenslange Absicht ist, Musik zur inneren Bewegtheit werden zu lassen. Die Musikerziehung in der Grundschule wäre auf dem richtigen Weg, wenn sie Kindern immer neue Möglichkeiten eröffnen würde, Bewegung zur Musik auszuführen, um dadurch zugleich durch Musik innerlich bewegt zu werden. Innerhalb der vielfältigen Möglichkeiten, Kinder Musik durch Bewegung erfahrbar zu machen, wenden wir uns hier dem Tanzen in der Grundschule zu.

Ziel: Tanzen als Freude an gestalteter Bewegung nach Musik

Tanzen, das ist Bewegung mit anderen zur Musik nach bestimmten Formen. Die pädagogische Frage ist: Woher nimmt man die Formen? Diese Frage ist keine theoretische, denn ihre Beantwortung hat weitreichende Folgen für den Weg, für die Methoden der Tanzvermittlung und für die angestrebte Form von Kindertänzen. In der Diskussion kann man zwei Standpunkte feststellen.

Die eine Auffassung stellt die Erfindungsgabe, den Einfallsreichtum, die Kreativität des Menschen in den Vordergrund. Sie wird im sogenannten „kreativen Tanz" am deutlichsten sichtbar. Folgt man dieser Auffassung, dann käme es vor allem darauf an, daß Kinder zur Musik ihre eigenen Tanzschritte und Tanzfiguren erfinden, auch unter Verzicht auf eine gemeinsame, für alle verbindliche Form. Entscheidend für das Tanzen ist dann das, war wir uns selbst zur Musik einfallen lassen. Es liegt nahe, das, was der Mensch selbst gefunden oder erfunden hat, als das prinzipiell Wertvollere anzusehen und der Erziehung die Aufgabe zu stellen, entsprechende Fähigkeiten und Verhaltensweisen vor allem zu fördern. Der Gesichtspunkt des gemeinsamen Tuns ist aber dann in Gefahr, in den Hintergrund gedrängt zu werden. Bei der Überbetonung von Selbstverwirklichung durch den Primat der Kreativität muß man auch fragen, wie es denn mit jenen Menschen ist, die einfallsärmer und schwach sind und denen eine gegebene gemeinsame Form, bei der sie gleichberechtigt mittun können, Hilfe und Bestätigung sein kann.

Das andere Extrem ist die Auffassung, Tanzen in der Schule sei die Vermittlung überkommener, festgeschriebener Tanzformen, mögen sie nun aus dem Bereich des Volkstanzes oder des Gesellschaftstanzes kommen. Eine Tanzvermittlung wäre dann erreicht, wenn man die Schritte und Figuren, die oft auf Schallplattencovern zu lesen sind, nachmacht. Abgesehen davon, daß bei genauem Zusehen sich auch solche Tanzformen als zeitabhängig und veränderbar erweisen, würde bei ihrer sklavischen Befolgung dem einzelnen Menschen kein Freiraum gegeben. Dieser ist aber aus pädagogisch-anthropologischen Gründen wichtig. Der Tänzer muß das Gefühl haben, daß er seine Individualität einbringen kann und daß er auch ohne weitreichende Konsequenzen Fehler machen darf. Die Aufgabe des Tanzens in der Schule wäre der Entwicklung der Kinder wegen viel zu eng gesehen, würde man sich mit der Tradierung von Tanzformen allein begnügen.

Das wichtigste Ziel des Tanzens in der Grundschule ist die Ermöglichung von Selbsterfahrung und Selbstbestätigung aller Kinder durch Freude an der gemeinsam gestalteten Bewegung nach Musik. Beide Extreme – sowohl die Überbetonung individueller Kreativität als auch die Verabsolutierung tradierter Tanzformen – sind zur Erreichung dieses Ziels von Übel. Das Gute liegt – wie so oft – auch hier in der Mitte. Beim Tanzen in der Schule sollten die eigenen Reaktionen auf Musik, eigene Erfindungen und Lösungen von Kindern willkommen sein; sie sollten gleichberechtigt neben den originalen Tanzformen die Tanzerarbeitung bestimmen. Ist damit der Weg, sind dann die Lerngewinne *während* der Tanzerarbeitung wichtiger als die Tanzform als Ergebnis am Ende des Weges? Die Frage ist falsch gestellt! Das, was die Kinder auf dem Wege der Tanzerfindung und Tanzvermittlung lernen, ist ebenso wichtig wie die angestrebte, „endgültige" Tanzform. Beides vermittelt Selbstvertrauen und Erfolgserlebnis. Nach diesen Prinzipien sollten sich die Didaktik und die Methoden des Tanzens mit Kindern ausrichten.

Wenn es dem Lehrer gelingt, Erfindungen von Kindern zur Musik mit der Vermittlung bestimmter Tanzformen organisch zu verbinden, dann hat Tanzen positive Auswirkungen auch auf andere Bereiche wie Sozialverhalten, körperliche Geschicklichkeit und auf die ästhetisch-musikalische Erziehung. Das Tanzen wird dann nicht zum Selbstzweck; es strahlt vielmehr auf andere Lernbereiche aus. Für den Musikunterricht gewinnt man die Förderung des unterscheidenden Hörens und das Erleben und Nachvollziehen musikalischer Ordnungen. Insbesondere fördert Tanzen das Gefühl für Raum und für Proportionen. Die Kinder, zumal die vielen bewegungsgehemmten unter ihnen, gewinnen eine zunehmende Sicherheit in fließender, koordinierter Bewegung, was sich in günstigen Fällen auch auf Sprache, Schrift und Gestaltung im Kunst- und Deutschunterricht auswirkt. Manches Ausländerkind hat durch Erfolge beim Tanzen, bei dem es einheimischen Kindern überlegen ist, Zutrauen zum sprachlichen Ausdruck bekommen. Schließlich übernehmen wir in Tanzmelodien und Tanzformen einen Teil unserer musikalischen und kulturellen Überlieferung. Das ist für die geistig-seelische Beheimatung des Menschen nicht ohne Belang. Das alles geschieht im Zusammenspiel mit anderen. Recht verstanden hat das Tanzen mit Kindern einen positiven Einfluß auf ihre emotionalen Gestimmtheiten, und zwar des einzelnen wie der Gruppe.

Tanzlied und Kindertanz

Schon im 19. Jahrhundert kommt in vielen Kinderliedern das Wort „tanzen" vor. Es bezeichnet in diesem Zusammenhang einfache Bewegungen zu einem Lied, das Kinder selbst singen. Am bekannten Lied „Brüderchen, komm tanz mit mir", das Engelbert Humperdinck mit einer neuen Melodie in der Oper „Hänsel und Gretel" übernahm, läßt es sich gut ablesen. Worin besteht nach diesem und ähnlichen Liedern das Tanzen? „Beide Hände reich ich dir. Einmal hin, einmal her, rundherum das ist nicht schwer." Typische Beispiele für diese Form des *Tanzliedes* – welches auch *Reihen* oder *Ringelreihen* genannt wird – sind: Machet auf das Tor, es kommt ein goldner Wagen / Ziehe durch, durch die goldne Brücke / Rote Kirschen eß ich gern / Es tanzt ein Bi-Ba-Butzemann[1]). Die Arten der Bewegungen sind bei allen diesen Liedern die gleichen: einfache Schritte im Kreis hin und zurück und einfache Handfassung der Kinder, die sich auch im Kleinkreis drehen können. Wenn ein einzelnes Kind aus dem Kreis sich löst, übernimmt es für eine kurze Zeit, zum Beispiel eine Strophe lang, die Aufgabe des Vormachens, tritt dann in den Kreis zurück, und ein anderes Kind macht dasselbe von vorn. Der Kreis ist für das Tanzen dieser Lieder als stabiles Element unentbehrlich; manchmal wird er durch eine Kette abgelöst. Als frühe und einfache Art des Kindertanzes sind solche Kindertanzlieder für das 1. und 2. Schuljahr zu empfehlen.

Aus dem reichen Repertoire der rhythmisch-musikalischen Erziehung (Rhythmik) stehen Tanzspiele zur Verfügung, die kein Ringelreihen mehr sind, aber auch noch kein Kindertanz. Bezeichnende Beispiele sind: Rummelbummel ging spazieren / Auf dem Markt zu Bückeburg[2]). Solche Lieder „kommen dem Spieltrieb des Kindes entgegen und entwickeln zugleich den Sinn für einfache rhythmische Bewegungen" (Thilde Lorenz „Der Zippel-Zappelmann").

Während Ringelreihen und Tanzspiele von Anfang an für Kinder erfunden sind, gibt es eine große Zahl von *Singtänzen* aus der Volksliedtradition, die ursprünglich in den Bereich des Erwachsenentanzes gehören. Seit einigen Jahrzehnten sind sie parallel zum Verschwinden des (auch gesungenen) Volkstanzes aus seinem ursprünglichen kulturellen Ort in den pädagogischen Institutionen heimisch geworden. Beim Singtanz sind die Bewegungsarten vielfältiger und anspruchsvoller als bei den zuvor skizzierten Tanzliedern für Kinder. Beim Lied „Ei, so tanzt der Hansel" beispielsweise bewegen Hansel und Fransel sich zuerst „mit dem Fuß, mit dem Finger dann" gebückt auf dem Boden. Der Tanz kann durch verschiedene Schrittfolgen im Kreis eingeleitet werden. Die Kette der Bewegungen am Platz wird immer länger, indem einer einen Einfall vormacht, den alle aufnehmen. Darin besteht der Reiz dieses Singtanzes: Nach den Fußbewegungen folgt – durch Zuruf oder Vormachen – der Kopf, die Arme, die Schultern, der Po . . . . Singtänze sind willkommene Tanzgelegenheiten gerade in der Grundschule.

Wie man sieht, sind die Bezeichnungen der verschiedenen Tanzlieder unterschiedlicher Herkunft, die für die Grundschule geeignet sind, nicht eindeutig. Bei manchen ist eine Grenze zwischen Tanzlied, Tanzspiel und Singtanz nicht zu ziehen. Glücklicherweise lassen Lieder wie „Es führt über den Main"[3]) oder der „Katzentatzentanz"[4]) ganz verschiedenartige Aktivitäten und Bewegungsformen zu, die nicht alle unter einem Tanzliedtyp zu subsumieren sind. Tanzen, verstanden als Bewegungsablauf nach verabredeten Schritten und Raumfiguren, vermischt sich mit Pantomime und mit Abschnitten offener, zufälliger Bewegungsimprovisation. Allen bisher genannten Tanzliedtypen aber ist gemeinsam, daß die Kinder ihre eigenen Musikanten sind. Die Bewegungen erfolgen zum Lied, das die Tänzer selbst singen. Die Bewegungseigenart wird oft durch charakteristische Lied*inhalte* ausgelöst. Die Tanzformen werden durch den gleichzeitig gesungenen Liedtext sowohl hervorgerufen als auch unterstützt. Auch das Tempo des Tanzes wird durch das eigene Singen bestimmt.

---

[1]) siehe MUSIKPRAXIS – Heft 17   [2]) ausführliche Liedvermittlung siehe MUSIKPRAXIS – Heft 29   [3]) MUSIKPRAXIS – Heft 15   [4]) MSUIKPRAXIS – Heft 18

Ganz anders liegen die Dinge beim *Kindertanz*. Das Tanzen erfolgt nach Musik, die wir nicht selbst singend oder musizierend herstellen, sondern die durch Tonträger eingespielt wird. Diese Art des Tanzens mit Kindern ist erst seit einem guten Jahrzehnt möglich, seitdem Tanzmusik für Kinder auf Schallplatten und Musikkassetten auf dem Markt ist. Rückwärts schauend könnte man sagen: Diese Entwicklung mußte zwangsläufig erfolgen, wenn Musik aller Art vermittelt durch technische Medien jedermann zur Verfügung steht. Damit ändern sich einige fundamentale Voraussetzungen unterrichtlichen Handelns im Vergleich zum Tanzlied. Nicht nur, daß man zum Tanzen jetzt nicht mehr selbst singen muß. Die Breite der Herkunft der Tänze wird erheblich erweitert. Wir können zu Tanzmusik verschiedener Kulturkreise tanzen, die über die Brücke des Singens kaum zugänglich wäre. Die Auswahl der Musik zum Tanzen mit Kindern unterliegt jetzt aber auch weniger pädagogischen Gesichtspunkten als den Gesetzen des Marktes. Es steht das zur Verfügung, was Arrangeure und Verlage auswählen und anbieten. Der Lehrer kann schnell die Übersicht über Vielfalt und unterschiedliche Qualitäten des Angebots verlieren. Der informierte Pädagoge aber findet brauchbare Tänze für Kinder oft weit verstreut auf dieser und jener Schallplatte bzw. verschiedenen Tonkassetten. Dieser Befund war für uns ein wichtiger Anlaß, fünfzehn Beispiele auszuwählen und auf einem einzigen Tonträger herauszubringen.

Es ist nur folgerichtig, wenn man auf die durch technische und wirtschaftliche Entwicklungen veränderten Voraussetzungen unterrichtlichen Handelns musikpädagogisch positiv und produktiv reagiert, nämlich durch die Entwicklung von Kindertanz und Kindertanzformen. Zumeist werden Erwachsenentänze technisch vereinfacht. In manchen Kulturen, zum Beispiel in Irland und Griechenland, ist oder war es üblich, daß die Kinder die Tänze ihres Volkes durch Nachahmung lernen. Der Sohn stellt sich neben den Vater und ahmt dessen Bewegungen nach. In unserer mitteleuropäischen Situation mit Lebensweisen, die industrie- und konsumgesellschaftlich orientiert sind, ist das aus geschichtlichen und soziokulturellen Gründen nicht möglich. So ist es zwangsläufig, daß der Kindertanz eine Möglichkeit und eine Aufgabe der Institution Grundschule wird, die das Tanzen mit allen Kindern nach technisch vermittelter Tanzmusik pädagogisch nutzt.

(2) Wie die Tanzbeschreibungen zu gebrauchen sind

Im Hauptteil des Buches sind fünfzehn Tänze zur Vermittlung und Gestaltung in der Grundschule beschrieben. Unsere Vorschläge beruhen auf Erfahrungen in der Unterrichts- und Schulpraxis und deren Reflexion. Die Darlegungen erfolgen bei allen Tänzen in derselben Reihenfolge. Das erste Kapitel (I) erschließt die Musik des Tanzes für den Lehrer zu seiner eigenen Information und Vorbereitung. Im zweiten Kapitel (II) werden erprobte Vorschläge für die Tanzvermittlung gemacht. Sie sind nach Phasen gegliedert. Die jeweils angestrebte Tanzform wird anschließend im Überblick durch Zeichnungen dargestellt (III). Manchmal folgt ein viertes Kapitel (IV), das auf weitere Tanzgelegenheiten hinweist.

Die Musik der Tänze (I)

(a) Zur Herkunft

Weder die Tanzmusiken noch die Tanzformen, die wir in der Schule gebrauchen, sind ursprünglich für Kinder und für den Unterricht gemacht. Tänze, die wir heute mit Kindern tanzen, stammen aus den reichen Traditionen des Tanzens europäischer und außereuropäischer Völker, gelegentlich auch aus dem Bereich des Gesellschaftstanzes, wie zum Beispiel der „Ku-tschi-tschi". Im Abschnitt zur Herkunft des Tanzes weisen wir jeweils auf seinen ursprünglichen kulturellen Ort hin, denn dieser ist mitbestimmend für den Gebrauch eines Tanzes in der Schule.

Die meisten Formen, die wir mit Kindern tanzen, sind nicht die der Originale. Sie sind vielmehr den kindlichen Fähigkeiten und manchmal auch unserem Körpergefühl angepaßt. Das Wissen um die Herkunft des Tanzes soll dem Lehrer ermöglichen, die Ableitung von Tanzformen für Kinder aus den ursprünglichen Volkstanzformen zu verstehen. Im Zusammenhang damit sollen die tanzpädagogischen Absichten in einen größeren kulturellen Zusamenhang gebracht werden. Denn indem wir uns bemühen, Tänze anderer Völker zu tanzen, bekommen wir – wenn auch nur anfanghaft und atmosphärisch – ein wenig Verständnis für deren Lebensgefühl. Deutsche Kinder verbringen in steigendem Maße mit ihren

Eltern die Ferien im Ausland. Eindrücke, die sie mitbringen, werden in Tänzen der Völker belebt und verarbeitet. Aus diesen Gründen sind in unserer Auswahl Tänze aus Frankreich, Rußland, Israel und Südamerika vertreten. Das gilt auch für weiterführende Unterrichtsinhalte, die in einen Zusammenhang mit der kulturellen Heimat eines Tanzes gebracht werden. Mit der alten Melodie des „Teppichknüpfens" verbinden wir deshalb als typisches Instrument die Bombarde. Von der getanzten „Farandole" kann der Musikunterricht zur L'Arlésienne-Suite von Georges Bizet weitergeführt werden. Auf die Einbindung eines Tanzes in Leben und Brauchtum von Menschen in der Dritten Welt weist der „Balaio" hin.

Die Darlegungen zur Herkunft eines Tanzes korrespondieren mit unseren Absichten, durch das Mittel des Tanzes das Lebensgefühl der Grundschulkinder zu erweitern. Die Quellen dazu sind Tanzmusiken und mit ihnen verbundene Tanzformen, die aus einer oft langen und vielfältigen Tradition kommen und in der Schule aktualisiert werden.

(b) Die Gliederung der Melodie

Bestimmend für die Tanzfiguren und die Tanzschritte ist die *Melodie* eines Tanzes. Jede Melodie ist in Melodie*teile* (-abschnitte, -phrasen, -bögen) gegliedert. Mit dem Wechsel der Melodieteile wechseln auch die Tanzfiguren und zumeist auch die Tanzschritte. Deshalb ist es zwingend notwendig, sich als Tanzleiter die Teile der Melodie *hörend* klar zu machen. Unsere Beschreibungen der Melodie sollen zu dieser Vorbereitung der Tanzvermittlungen behilflich sein. Die Melodie und ihre Teile sind jeweils im Notenbild aufgeschrieben, so daß man sie *während* des Hörens der Musik vom Tonträger gut verfolgen kann.

Die ausführlichen Beschreibungen der Struktur der Tanzmusikmelodien sollen zudem jenen Lehrern, die es möchten, Hinweise geben, wie im Musikunterricht das bewußte Hören auf melodische Abläufe gelenkt werden kann. Deshalb ist – um nur einen Aspekt zu nennen – häufiger darauf hingewiesen, wann ein Motiv einen Melodieteil zu einem „offenen Schluß" führt oder, im Gegensatz dazu, schlußbildend wirkt. Das hörende Erkennen solcher Vorgänge ist für die Tanzvermittlung nicht unbedingt notwendig. Es kann aber die Integration des Tanzes bzw. der Tanzmusik in den Musikunterricht vertiefen.

(c) Das Schema der Einspielung

gibt dem Leser einen Überblick über die *Reihenfolge* und die *Anzahl* der Tanzmusikwiederholungen; wir nennen sie die *Durchgänge*. Bei jedem Durchgang wird die Tanzform wiederholt. Das Schema macht überdies darauf aufmerksam, wie lang die einzelnen Teile sind und ob die Tanzmusik durch ein *Vorspiel* eingeleitet wird. Die Länge ist in Takten angegeben. Der Hörer kann also bei der Unterrichtsvorbereitung – auch unter Zuhilfenahme des Notenbildes – die Takte mitzählen und sich so über die Länge der Teile und den Ablauf der gesamten Tanzmusik orientieren.

Das Schema bezieht sich auf jene Tanzmusikeinspielung, die auf dem Tonträger Fidula Cassette 24 zu hören ist. Denn die Einspielung einer Tanzmelodie durch eine Musikergruppe muß nicht identisch sein mit ihrem Arrangement durch eine andere Gruppe. Woher kommt das?

Wir müssen zunächst unterscheiden zwischen der Tanz*melodie* und der ihr zugehörigen Tanz*form*. Die Weitergabe beider kann unterschiedliche Wege gehen. Über Jahrhunderte hin sind Tanz*melodien* nach dem Gehör überliefert oder von einzelnen Volksmusikanten für den persönlichen Gebrauch aufgeschrieben worden. Bei ihrer Tradierung kann sich die Melodie verändern; insbesondere aber bekommt sie eine mehrstimmige Ausführung. Das läßt sich am Beispiel der „Sternpolka" gut verfolgen. Wir wissen nur, daß die Tanzmelodie aus Böhmen stammt. Ein unbekanntes böhmisches Bauernmädchen soll sie erfunden haben; auf Festen haben Musiker sie gespielt, vermutlich auf der Klarinette[5]. Andere Instrumentalisten, die ihr Instrument nicht berufsmäßig spielen, werden hinzugekommen sein. Sie bilden mit weiteren Stimmen eine Harmoniestütze. Im 19. Jahrhundert wird die Melodie oder der mehrstimmige Satz – zumeist von Volkskundlern und Lehrern – aufgeschrieben. Eine Gruppe heutiger Musiker übernimmt die Melodie und arrangiert sie neu. Sie spielen meistens eine Mischung herkömmlicher Instrumente (zum Beispiel Klarinette, Violine) mit solchen, die in

---

[5]) Franz Magnus Böhme: Geschichte des Tanzes in Deutschland, Neudruck: Georg Olms, Hildesheim 1967, Seite 221

der Unterhaltungsmusik der letzten Jahrzehnte, auch elektronisch verfremdet, gebraucht werden. Diese Art des Arrangierens trifft auch auf die Arrangements der von uns ausgewählten Tanzmusiken zu.

Die so entstandene Bearbeitung einer Tanzmelodie wird unterschiedlich oft hintereinander gespielt. Würde eine Tanzkapelle im Tanzlokal zum Tanzen spielen, dann richtet sie die Zahl der Durchgänge – wenn sie aufmerksam ist – nach der Tanzlust der Tänzer. Bei einer Konserve muß man die Zahl der Durchgänge im Hinblick auf die Adressaten schätzen. Gibt es zu wenige Durchgänge, dann sind die Tänzer enttäuscht; sind sie zu zahlreich, tritt Überforderung ein. Wir haben uns bei den Aufnahmen an Erfahrungswerten mit Kindern orientiert. Wenn die Kinder rufen „Schade!", dann ist die Zahl der Durchgänge richtig. Denn diese Stimmung ist der beste Anlaß zur Wiederholung des Tanzes.

Vorschläge für den Unterricht (II)

Die Vorschläge für den Unterricht orientieren sich am Prinzip der differenzierenden Vermittlung von Tanzformen. Sie zeigen, wie Tanzschritte und Tanzfiguren gefunden und gelernt werden können, indem sich Einfälle, Fähigkeiten und Vorschläge der Kinder und Steuerung des Unterrichtsgeschehens durch den Lehrer ergänzen. Dabei gehen wir von einfachen Bewegungen aus, die sich oft im Alltag der Kinder finden, und differenzieren sie mehr und mehr. Die Stufen dieser Differenzierung nennen wir Phasen. Jeder Praktiker weiß, daß man deren zeitliche Länge nicht angeben kann. Wie intensiv und wie lange man in einer Unterrichtsphase verweilt, hängt von der Bewegungsfreude, dem Einfallsreichtum und der Konzentrationsbereitschaft der Kinder einerseits und den Zielen des Lehrers andererseits ab. Phasen können in sich geschlossene Lerneinheiten bilden. Nicht immer müssen alle vorgeschlagenen Phasen in ein und derselben Unterrichtsstunde durchlaufen werden. Die Gliederung des Unterrichtsablaufs nach Phasen beinhaltet keine endgültige Planung einzelner Unterrichtsmethoden. Da diese unter anderem vom Alter der Kinder und der Lernsituation der Gruppe abhängt, bleibt die methodische Aufarbeitung im einzelnen dem Lehrer überlassen.

Wenn man die vorgeschlagenen Unterrichtsphasen überschaut, wird man unschwer das Prinzip eines entwickelnden Vorgehens in der Tanzvermittlung erkennen. Dieses wird – wenn wir richtig sehen – immer häufiger berücksichtigt und praktiziert. In der Zeitschrift MUSIKPRAXIS wurde das Prinzip der entwickelnden Tanzvermittlung bewußt verfolgt und in vielen Beispielen demonstriert. Die Ergebnisse fließen in diese Veröffentlichung ein.

Eine entwickelnde Methode führt dazu, daß man nicht eine in allen Teilen festgelegte Tanzform ein für allemal für verbindlich erklärt. Die hier vorgeschlagenen Tanzformen werden angestrebt, müssen aber nicht in jedem Fall gänzlich erreicht werden. Wir bitten deshalb, das Wort „angestrebt" wörtlich zu nehmen. Nicht mit jeder Klasse / Gruppe muß die hier aufgezeichnete Form erreicht werden. Manchem Lehrer wird die angestrebte Tanzform im Sinne einer Anregung dienen: „Aha, so könnte man das machen." Er sollte deshalb keine Hemmungen haben, gute Vorschläge der Kinder als Variante aufzugreifen. Wir geben hier zwar gewisse Erfahrungswerte aus langjähriger Unterrichtspraxis wieder, bestehen jedoch nicht – wie oben bereits erwähnt – auf einer strikten Einhaltung. Einen Gesichtspunkt sollte man jedoch berücksichtigen: Soll mit mehreren Klassen, etwa beim Schulfest, getanzt werden, dann vermehren sich die Schwierigkeiten, wenn jede Klasse ihre eigene Form zu einem Tanz hat. Wohl möglich ist die Einigung auf *eine* Form, die erweitert wird um Varianten, die die Kinder einiger Klassen selbst gefunden haben.

Unser Anliegen ist, daß die Kinder im Verlaufe einer Unterrichtsstunde in aufeinander aufbauenden Arbeitsschritten (= Phasen) in möglichst selbständiger Weise
- die Tanzmusik hörend kennenlernen,
- die Musikteile mit Hilfe von Bewegungen unterscheiden lernen,
- passende Bewegungen zur Musik im Raum erfinden, einander vormachen und begründet auswählen,
- eine Erweiterung ihrer Bewegungen durch den Lehrer erfahren
- und dann eine Tanzform tanzen, die sich aus den Vorschlägen der Kinder, ergänzt durch die Erweiterung des Lehrers, zusammensetzt.

Die Formen, die wir mit Kindern erarbeiten, sind meistens nicht die ursprünglichen Tanzformen, die ja aus dem Bereich der Erwachsenentänze kommen. Wir bemühen uns zwar, Teile der Originale zu übernehmen, wann immer das möglich ist. Zum Beispiel bleibt der „Stern" zum Musikteil B der Sternpolka erhalten, wir vereinfachen aber den Polkaschritt zum Wechselhüpfschritt zum Teil A. Oft aber werden neue Tanzformen mit Kindern gefunden, die ihrer Situation angemessen sind. Wir können also nicht von einer endgültigen Form sprechen. Da man in der Regel aus dem Augenblick heraus eine angemessene Form nicht findet, meinen wir, daß es klug sei, erprobte Angebote zu berücksichtigen. Ein Streit um die letztlich „richtige" Tanzform scheint uns unangemessen.

Deshalb sprechen wir von „angestrebter" Tanzform. Diese Form sollte nach und nach von allen Kindern getanzt werden können. Es wird immer einige geben, die das nicht schaffen. Diese lernen durch Ermutigung, nicht durch Ermahnung oder gesondertes Üben. Die Freude ist wichtiger als die Perfektion der Form.

Sind wir uns bis hierhin einig, dann stellt sich nun die Kardinalfrage: Wie kann ich den Kindern meiner Lerngruppe einen Tanz so vermitteln, daß möglichst jedes Kind Freude an der eigenen Bewegung hat und daß die ganze Gruppe eine Bewegungsgestaltung im Raum erlebt? Aus allem bisher Gesagten geht hervor, daß das wesentlich von der Methode abhängt. Die gezielte Planung des Lehrers sollte im Auge haben, daß die Methode der Vermittlung das Kind mit seiner Spielfreude und die Förderung seiner Bewegungsgestaltung ernst nimmt. Wir gehen bewußt nicht synthetisch vor, sondern wir haben Beispiele von Kindertänzen ausgewählt, die sowohl Freiraum für eigene Erfindungen geben als auch nach und nach zu differenzierteren Bewegungsformen führen. Bei der Beschreibung der Tänze im einzelnen möchten wir zeigen, wie durch eine entwickelnde Methode dem einzelnen Kind so viel Freiraum wie möglich und nötig zum Selbstfinden von Bewegungsformen gegeben werden kann und wie der Lehrer diese kindlichen Formen behutsam unter Berücksichtigung tradierter Formen erweitern sollte, damit die Gruppe eine gemeinsame Bewegungsgestaltung im Raum tanzen kann.

Die angestrebte Tanzform im Überblick (III)

Diese Buchseite vermittelt einen Überblick über den Ablauf der Tanzform, und zwar durch *Zeichnungen*. Gezeichnete Tanzfiguren sind dem Notenbild der ihnen entsprechenden Musikteile zugeordnet. So wird das, was unter II. mit Worten beschrieben und durch einige Fotos verdeutlicht wurde, hier auf einen Blick lesbar. Die Tanzfiguren, die im Unterricht im gestuften Vorgehen nach Phasen erarbeitet wurden, sind jetzt als Ganzes, als Tanzform leicht zu überblicken, weil Noten, Zeichnungen und Stichwörter in Parallele gesetzt sind. Die Übersicht ist für den, der den Tanz schon vorher kannte – zum Beispiel aus einer Fortbildungsveranstaltung – eine Erinnerung. Er wird sich das Studium des gesamten Kapitels II ersparen bzw. dort Einzelheiten nachlesen. Zur Vergegenwärtigung genügt ein Blick auf den Überblick unter III. Wer aber den Tanz mit Hilfe des Buches und der Tonkassette neu für sich erarbeitet hat, findet unter III. zusammengefaßt, was er vorher lesend und hörend erarbeitet hat. – Wie immer der Lehrer zur Kenntnis der Tanzform gekommen ist: Die Übersicht ist für jeden Fall so gestaltet, daß man sie auch während des Unterrichts als Gedächtnisstütze zum Hinschauen auf einen Blick verwenden kann.

Tanzgelegenheiten außerhalb des Unterrichts (IV)

In der Regel wird ein Tanz in einer Unterrichtsstunde erarbeitet. Manchmal aber gibt es im Schulleben Gelegenheiten, bei denen Tanzen als Ausdruck von Gemeinsamkeit besonders willkommen ist, zum Beispiel beim Schulfest, Klassenfest, bei Freizeiten, beim Karneval in der Schule. Bei Tänzen, die sich für solche Anlässe eignen, wird unter IV. darauf hingewiesen.

Zamar Noded

Einsamer Wanderer

I. Die Musik des Tanzes

(a) Zur Herkunft

Zamar noded ist ein neuer Tanz aus Israel, wo seit der Staatsgründung auffallend viele Tanzmusiken entstanden sind. Besucher Israels berichten von spontanen Tänzen auf öffentlichen Plätzen. Häufig ist eine Verbindung der Tänze zur religiösen Tradition Israels festzustellen. Das zeigt auch der Halleluja-Ruf – „Preiset Jahwe!" – am Ende jeder Strophe unseres Tanzliedes.

Das Lied erzählt von einem einsamen, singenden Wanderer, der nicht mit den vielen anderen auf breiten, guten Wegen gehen will. Er möchte lieber für sich sein, möchte allein in den Abend gehen, wenn die Bäume am Wegrand dunkler werden und die Lichter erlöschen und möchte dabei seine Lieder singen. Text und Musik sind von Neomi Shemer.

Die ursprüngliche Tanzform stammt von Rivka Sturman. In Deutschland ist es üblich geworden, sie in einer vereinfachten Form zu tanzen, die vom Inhalt des Textes ihren Ausgang nimmt. Diese ist besonders für Tanzanfänger geeignet.

(b) Gliederung der Melodie

Die Musik besteht aus zwei verschieden strukturierten Melodiebögen, die bei jedem Durchgang je zweimal gespielt werden.

Dies ist der *Melodiebogen A:*

Man hört zwei gleiche Motivanfänge, die aber unterschiedlich enden. Das erste Mal schließt das Motiv a rhythmisch, melodisch und harmonisch offen, während es beim zweiten Mal (a') deutlich hörbar zu Ende geführt wird.

Dadurch ist die Melodie symmetrisch in der Mitte geteilt; jede Hälfte hat vier Takte. Die Wiederholung wird in unserer Aufnahme von den Sängern etwas variiert und verziert.

Es folgt der *Melodiebogen B:*

Er entwickelt sich in zwei Motiven von je zwei Takten Länge. Dabei wiederholt das zweite Motiv fast genau das erste, nur einen Ton tiefer. Motiv b1 ist also eine Sequenz von Motiv b. Ein eintaktiges, fallendes Motiv c, zweimal wiederholt und beim dritten Mal etwas verändert führt in den langen Schlußton.

(c) Schema der Einspielung

Das Tanzlied wird von einer Sängerin und einem Sänger zur Gitarrenbegleitung gesungen. Die beiden Sänger beginnen im Einklang und wechseln innerhalb der drei Strophen zwischen verschiedenen Formen der Zweistimmigkeit.

Unsere Einspielung wird durch folgendes Schema deutlich:

		1. Durchgang				2. Durchgang				3. Durchgang				4. Durchgang				5. Durchgang				
Takte	Vorspiel 4	A	A	B	B	A	A	B	B	A	A	B	B	A	A	B	B	A	A	B	B	Nachspiel
		8	8	8	8	8	8	8	8	8	8	8	8	8	8	8	8	8	8	8	8	8

II. Vorschläge für den Unterricht

Phase 1: Hörendes Unterscheiden der beiden Melodiebögen

Die Kinder sitzen *im ganzen Raum verteilt* auf dem Boden. Beim A-Teil klatschen alle in ♩♩ *leise* in die Hände. Beim B-Teil wird *leise* auf die Knie gepatscht.

Phase 2: Das Gehörte wird in Bewegung umgesetzt

● Die Kinder zeigen wie in der Phase 1 auf dem Boden sitzend die Melodiebögen durch Klatschen und Patschen an. Ein Kind bekommt die Aufgabe, beim A-Teil zwischen den sitzenden Kinder herumzu*gehen* und beim B-Teil zwischen ihnen zu *hüpfen*. Am Schluß des Durchgangs berührt es ein anderes Kind, das dann ebenso weitermacht.

● Bei der nächsten Übung beginnt man mit zwei oder drei Kindern, die in Entsprechung zur Musik umhergehen oder -hüpfen. Sie fordern am Ende jedes Durchgangs zwei neue Kinder auf, machen aber selbst auch weiter mit, so daß sich bei jedem Durchgang die Zahl der Tanzenden verdoppelt. Wichtig ist, daß immer noch Kinder auf dem Boden sitzen, zwischen denen andere gehen und hüpfen.

● Anschließend tanzen bei einem Durchgang die Mädchen zwischen den sitzenden Jungen; beim nächsten ist es umgekehrt.

Sinn dieser Phase ist es, neben dem Wechsel von Gehen und Hüpfen die gleichmäßige Verteilung der Tänzer im Raum, die freie Bewegung in alle Richtungen und die Rücksicht auf die übrigen Kinder spielend einzuüben. Als Anschauungshilfe kann dabei die Vorstellung des „Einsamen Wanderers" dienen.

Phase 3: Die angestrebte Tanzform

Zu Beginn des Tanzes stehen alle Kinder gleichmäßig verteilt im Raum. Zur Musik des A-Teils gehen sie frei mit leichten, raschen Schritten (♩ ♩). Jeder ist ein „Einsamer Wanderer" und geht seinen eigenen Weg. Die Kinder achten darauf, daß der Raum gleichmäßig gefüllt ist und daß niemand angestoßen wird.

Am Schluß von A sucht sich jeder einen Partner, der gerade in der Nähe ist. Solange bei Tanzanfängern noch Hemmungen abzubauen sind, sollte man nicht darauf bestehen, daß immer Jungen mit Mädchen als Paare zusammen tanzen.

Beide haken sich mit den rechten Armen ein und tanzen zur B-Musik mit flachen Hüpfschritten rechts herum am Platz. Bei der Wiederholung von B wird die Fassung gelöst, links eingehakt und links herum getanzt.

Wer keinen Partner findet, klatscht zur Musik in die Hände und geht dabei in die Mitte, wo er meist auf einen anderen Einsamen stößt. Am Schluß des B-Teils verabschieden sich die Partner und gehen zum A-Teil des nächsten Durchgangs wieder einsam ihrer Wege.

III. Die angestrebte Tanzform im Überblick

Jeder geht als einsamer Wanderer allein durch den Raum.

Am Ende von A hakt er mit einem anderen Kind rechts ein.

Je zwei Kinder tanzen eingehakt im Hüpfschritt im Kreis, zunächst rechts eingehakt,

bei der Wiederholung links eingehakt.

IV. Tanzgelegenheiten außerhalb des Musikunterrichts

Wie man sieht, erfordert der Tanz keine differenzierteren Tanzschritte und -formen. Wegen der offenen, einfachen Form wird Zamar Noded deshalb gern zu Beginn einer Tanzrunde getanzt. Gruppen, die ein wenig geübt sind, können ihn ohne die Entwicklung der Tanzformen, wie sie für den Unterricht vorgeschlagen werden, tanzen. Der Tanz eignet sich deshalb gut für geselliges Tanzen mit Eltern und bei Schulfesten. Der Partnerwechsel bei jeder Strophe ist eine angenehme Möglichkeit, sich gegenseitig kennenzulernen. Wenn keine gründliche Vorbereitung wie im Musikunterricht erfolgt, sollte vom Spielleiter der B-Teil angesagt werden. Er wird erst nach mehrmaligem Hinhören deutlich.

2

Ku-tschi-tschi

I. Die Musik des Tanzes

(a) Zur Herkunft

Der „Ku-tschi-tschi" ist ein französischer Modetanz aus dem Jahre 1971. Die vorliegende Fassung wurde speziell für Kinder neu arrangiert. Wir haben diesen ursprünglichen Modetanz aufgenommen, weil er sich vorzüglich dazu eignet, miteinander in Kontakt zu kommen, Hemmungen abzubauen und einfach fröhlich darauflos zu tanzen.

(b) Die Melodie

besteht aus einem *Teil A* mit acht schnellen 2/4-Takten, die wiederholt werden:

Dann folgt ein *Motiv b*:

Durch die beiden Halbtonstufen a - b und b - h entsteht eine Spannung. Sie fordert zum *Ruf* auf:

Ku - ku - ku-tschi - tschi!   Ku - ku - ku-tschi - tschi!

(c) Schema der Einspielung

Das folgende Schema zeigt die Abfolge der Einspielung und die Zahl der Tanz-Durchgänge.

	Vorspiel	1.Durchgang				2.Durchgang				3.Durchgang				4.Durchgang				5.Durchgang				6.Durchgang					
		A	A	b	Ruf	A	A	b	Ruf	A	A	b	Ruf	A	A	b	Ruf	A	A	b	Ruf	A	A	b	Ruf	A	A
Takte	3	8	8	4	8	8	8	4	8	8	8	4	8	8	8	4	8	8	8	4	8	8	8	4	8	8	8

II. Vorschläge für den Unterricht

Phase 1: Elemente der Tanzform werden erarbeitet

● Der Rhythmus ♩ ♩ ♩ ♩ ♩ wird vor- und nachgeklatscht. Lustig wird es, wenn sich auch der Kopf, die Schultern, die Ellbogen, die Knie und der Po im selben Rhythmus hin- und herbewegen. Auch Schlaginstrumente können eingesetzt werden. Dann wird die Bewegung  mit den *Armen* ausgeführt.

(lang / lang / kurz / kurz / lang)

Zuerst zeigt man abwechselnd mit dem ausgestreckten Zeigefinger vom Körper weg auf ein anderes Kind. Dann werden die Arme *abwechselnd* im selben Rhythmus nach oben gegen die Decke bewegt. Dabei lernen die Kinder den Ku-tschi-tschi-Ruf.

● Während der *Melodieteil A* eingespielt wird, hüpfen die Kinder frei durch den Raum. Der Hinweis darauf, daß der Raum groß ist und nicht alle auf der gleichen Stelle oder nur in eine Richtung hüpfen müssen, wird den Kindern vielleicht schon aus anderen Tanzvorbereitungen bekannt sein.

Nun wird der Vorschlag gemacht, das Hüpfen doch einmal am Platz auszuprobieren. Geht es besser auf zwei Beinen, auf einem Bein? Was könnte das andere Bein tun? Das Hin- und Herschwingen eines Beines, während das andere Bein auf der Stelle hüpft, könnte die Endform für den Melodieteil A sein.

● Beim weiteren Hören der Tanzmusik bekommen die Kinder die Aufgabe, eine Stelle zu suchen, zu der man sprechen kann:

Ach - tung, - jetzt - kommt . . .

Durch den Nachahmeffekt (Findige haben es gleich entdeckt) wird bald allen Kindern diese Stelle (= *Motiv b*) bewußt, und weil der Ruf „Ku - ku - ku-tschi - tschi!" schon bekannt ist, kann er hier gleich angeschlossen werden.

Zu dem nun bewußt gewordenen Motiv b sollen vier langsame Schritte auf einen Partner zu ausgeführt werden. Um auch hier die Phantasie anzusprechen und sich den Tanz zu eigen zu machen, suchen die Kinder selbst nach Möglichkeiten, aufeinander zuzugehen, zum Beispiel
– Wie gehst du auf ein Kind zu, daß dich nicht gleich erkennen soll?
  Anschleichen!
  Wir üben, wie ein Tiger, wie eine Katze uns anzuschleichen.
– Wie geht der Cowboy im Film auf seinen Feind zu? Mit in den Hüften gehaltenen Pistolen!
– Wie machst du dich bemerkbar, wenn dein Freund dich nicht sieht? Winken!
  Mit einer Hand, mit zwei Händen gegeneinander?
  Wir probieren aus, was uns am besten gefällt!

● Nun können die Bewegungen zu den drei Teilen des Tanzes Hüpfteil A / langsamer Teil b / Rufteil nach Auswahl der Kinder zusammengesetzt werden. Daraus kann eine völlig andere Tanzform als die vielleicht angestrebte entstehen. Je kleiner die Kinder sind, um so eher sollte die selbstgefundene Tanzform beibehalten werden, denn die Kinder finden ein Stück von sich selbst darin wieder.

Phase 2: Die angestrebte Tanzform

Zur *Melodie A* hüpfen die Kinder – mehr oder weniger auf der Stelle – auf einem Bein; sie schwingen dabei das freie Bein hin und her. Bei der Wiederholung der Melodie kann das Hüpfbein gewechselt werden.

Zu *Motiv b* gehen die Kinder mit 4 Schritten langsam auf ein anderes Kind zu, rufen dann bei Ku-tschi-tschi alle mit und zeigen – wie unter Phase 1 geübt – mit dem Zeigefinger abwechselnd im Rhythmus aufeinander. Bei der Wiederholung wird dieselbe Bewegung nach oben gegen die Decke ausgeführt.

Kinder, die keinen Partner gefunden haben, schließen sich einer Zweiergruppe an oder sammeln sich in der Mitte.

III. Die angestrebte Tanzform im Überblick

Kinder hüpfen auf *einem* Bein, zuerst auf dem *rechten*, bei der Wiederholung auf dem *linken*. Dabei schwingen sie das andere Bein hin und her.

Mit vier großen Schritten
auf ein anderes Kind zugehen.

Mit Zeigefinger abwechselnd
im Rhythmus aufeinander zeigen.

Mit Zeigefinger abwechselnd
im Rhythmus zur Decke zeigen.

IV. Tanzgelegenheiten außerhalb des Musikunterrichts

Der „Ku-tschi-tschi" ist ein ausgelassener Tanz, der ein Fest so richtig in Stimmung bringen oder auch den Unterricht einmal unterbrechen kann. Man *muß* ihn nicht entwickelnd nach den Unterrichtsphasen unter II erarbeiten. Dazu einige Beispiele bzw. Variationsmöglichkeiten.

Beim **Fasching** stellen sich zur Melodie A die gleich gekleideten Kinder vor, zum Beispiel beim 1. Durchgang die Cowboys, beim 2. Durchgang die Prinzessinnen, beim 3. Durchgang die Clowns, – usw. Zum Ruf „Ku-tschi-tschi" werden nach Ansage verschiedene Körperteile im Rhythmus bewegt.

Bei **Schulfesten** beginnt eine kleine Gruppe, die den Tanz vorher im Unterricht erarbeitet hat, mit der Melodie A. Wenn das Motiv b erklingt, suchen sich die gerade Tanzenden einen noch sitzenden Mittänzer aus und machen ihm vor, wie man sich beim Ruf „Ku-tschi-tschi" bewegt. – Auf diese Weise kommen nach und nach alle in Bewegung. Erfahrungsgemäß ist – zumal für ungeübte Teilnehmer – der Spaß so groß, daß man ihn mit allen öfter wiederholen muß.

Im **Klassenunterricht** ist der „Ku-tschi-tschi" eine willkommene kurze Unterbrechung, weil die Bewegungen (notfalls) auch im Sitzen oder Stehen am Platze ausgeführt werden können. Dann klatschen alle zur Melodie A laut und bei ihrer Wiederholung leise (zum Beispiel laut = Handfläche, leise = Handrücken oder zwei Finger). Beim Motiv b kann man langsam aufstehen. Zum Ruf „Ku-tschi-tschi" werden die Bewegungen wie oben ausgeführt.

In Sonderschulen und Therapiegruppen bietet der Tanz die ungezwungene Möglichkeit, mit anderen in Kontakt zu kommen und mit ihnen koordinierte Bewegungen zu machen. Der Ruf „Ku-tschi-tschi" kann dann auch heißen „Ich - ich - ich mag dich!"

Teppichknüpfen / Lou Pripet

I. Die Musik des Tanzes

(a) Zur Herkunft

Der Tanz kommt aus Südfrankreich, wo früher die okzitanische Sprache – die langue d'oc – gesprochen wurde. Aus dieser Sprache kommt auch sein Titel Lou Pripet. Der Tanz stammt aus der Landschaft Languedoc. Lou Pripet bedeutet Teppichknüpfen. Der Tanz hat diesen Namen, weil seine Bewegungen das Verschieben der Kettfäden nachahmen, durch die der Schußfaden geführt wird. Da der Tanz den Webvorgang imitiert, müßte er eigentlich nicht Teppich*knüpfen*, sondern Teppich*weben* heißen.

Ein typisches Instrument vieler französischer Tänze ist die *Bombarde*. Es handelt sich um eine Art Trompete mit einem Schalmeimundstück aus einem Doppelrohrblatt wie bei der Oboe und dem Fagott. In unserer Einspielung wird die Bombarde durch ein *Krummhorn* ersetzt, dessen Klang dem der Bombarde ähnlich ist.

(b) Gliederung der Melodie

Sie besteht aus zwei ziemlich selbständigen *Melodieteilen*. Jeder Teil wird wiederholt, so daß die Folge AA BB entsteht.

Melodieteil A

Die Melodie steigt zunächst in einer Wellenbewegung an, um dann zum Gundton zurückzukehren. Es fällt sofort auf, daß der Rhythmus bis auf den Schlußton aus einer gleichmäßigen Folge von punktierten Achteln mit einer jeweils angehängten Sechzehntel besteht ♪. ♪♪. ♪ Daß die Melodie dadurch erst lebendig wird und ihren federnden Charakter bekommt, kann man leicht erkennen, wenn man sie einmal in glatten Notenwerten, zum Beispiel in gleichmäßigen Achteln auf der Blockflöte spielt. Noch deutlicher wird das, wenn man gemäß der glatten bzw. der punktierten Fassung durch den Raum geht.

Melodieteil B

Er hat vier Takte wie Teil A, ist aber in kleinere Abschnitte (Motive) gegliedert und weist überhaupt keine Punktierungen auf. Einem eintaktigen aufsteigenden Motiv b folgt die Figur c, die zwar mit dem Grundton endet, aber dennoch kein Schlußgefühl vermittelt, weil der Grundton auf einem unbetonten Taktteil erreicht wird. Bei der Wiederholung des Motivs c wird ein Ton weggelassen, und der Grundton f rückt um ein Achtel nach vorn. Dadurch wird er betont, und sofort stellt sich die abschließende Wirkung bei c' ein.

(c) Schema der Einspielung

In unserer Einspielung hört man die Melodie A (mit Ausnahme des 2. und 5. Durchgangs) auf dem Krummhorn gespielt. Sein Klang kommt dem der Bombarde sehr nahe. Die Melodieteile B werden davon abgehoben, indem sie von Flöten bzw. Xylophon – durch Schellentrommel begleitet – gespielt werden.

		1. Durchgang				2. Durchgang				3. Durchgang				4. Durchgang				5. Durchgang				6. Durchgang			
	Vorspiel	A	A	B	B	A	A	B	B	A	A	B	B	A	A	B	B	A	A	B	B	A	A	B	B
Takte	2	4	4	4	4	4	4	4	4	4	4	4	4	4	4	4	4	4	4	4	4	4	4	4	4
		Krummhorn/Flöten				Eine Flöte		Xylophon		Krummhorn/Flöten				Krummhorn/Flöten				Eine Flöte		Xylophon		Krummhorn/Flöten			

(d) Die ursprüngliche französische Tanzform ist folgende.

Zu *Teil A* schreitet man gegen den Uhrzeigersinn im Kreis. Dabei werden die gefaßten Hände abwechselnd nach innen und nach außen geschwungen. Man beginnt mit dem linken Fuß, der den rechten beim Schritt überkreuzt.

Zum *Teil B* werden sehr schnelle Spreizsprünge am Platz ausgeführt. Man hüpft jeweils mit einem Fuß kurz auf, während der andere Fuß nach vorn geschleudert wird, wie wenn man einen Fußball kickt. Das geschieht im Rhythmus

rechts – links – rechts,   links – rechts – links.

Eine typische Körperhaltung ergibt sich dabei von selbst: Der Oberkörper wird etwas zurückgelehnt. Die ursprüngliche Tanzform zu Teil B ist für Grundschüler zu schwierig, weil die Bewegungen zu schnell sind. Man kann den Tanz auch nicht verlangsamen, weil dann A und B nicht charakteristisch unterschieden wären. Deshalb schlagen wir für den Unterricht einen einfacheren wechselnden Hüpfschritt in die Schrittstellung vor.

II. Vorschläge für den Unterricht

Phase 1: Unterscheidendes Hören der Teile A und B / Umsetzen in Bewegungen

Dazu gibt es die folgenden Methoden:

a) ausgehend vom Hören im Sitzen

● Die Kinder sitzen (wenn möglich, auf dem Boden) und hören der Tanzmusik zu. Aufforderung des Lehrers: „Versucht herauszuhören, wieviel Teile die Musik hat."

● Auf verschiedene Weise reagieren die Kinder beim Hören auf die Melodieteile A und B:

– An den „Nahtstellen", also dem Wechsel von A zu B zu A (und so weiter) Hände heben.

– Beim nächsten Hören begleiten wir im Metrum (Viertel), zum Beispiel

21

bei den Teilen A durch Patschen auf den Knien,

bei den Teilen B durch Klatschen in die Hände.

– Die beiden Melodieteile werden zwecks schneller Verständigung mit A und B benannt. Es lohnt sich auch, die Kinder hörend unterscheiden zu lassen, wann welche Instrumente spielen. Siehe dazu das Schema der Einspielung oben.

● Bei A hören alle ohne Reaktionen zu. Zum Teil B klatschen alle ♫ ♩ (kurz – kurz – lang).

(b) ausgehend von der Bewegung im Raum.
Alle gehen zu A im Kreis. Bei B bleibt man stehen. Den Rhytmus ♫ ♩ gibt einer durch eine bestimmte Klanggeste vor, alle anderen übernehmen die Klanggeste. Beispiele:

einer:		alle:
klatscht		klatschen
klopft auf den Boden	–	klopfen auf den Boden
patscht auf die Kie	–	patschen auf die Knie
stampft mit den Füßen	–	stampfen mit den Füßen

Phase 2: Eine einfache Tanzform

Teil A: Alle gehen im Kreis gegen den Uhrzeigersinn; die Hände sind gefaßt.
Teil B: Stehenbleiben und zur Mitte drehen! Beim ersten Durchgang im Rhythmus ♫ ♩ klatschen. Bei jedem neuen Durchgang eine andere Klanggeste zum selben Rhythmus verwenden, zum Beispiel auf die Knie patschen / mit der Hand auf den Boden schlagen / stampfen. – Wie verabredet man die Folge der Klanggesten? Es gibt mehrere Möglich-keiten, zum Beispiel:

– Der Lehrer ruft hinein.

– Ein Schüler macht vor, alle machen nach.

– Vor Beginn des Tanzes werden Klanggesten in einer bestimmten Reihenfolge abgesprochen.

Phase 3: Die angestrebte Tanzform

● Der Lehrer weist darauf hin, daß der Tanz Teppichknüpfen heißt. Warum wohl? Hier werden Bewegungen nachge-macht, die beim Weben eines Teppichs vorkommen. Beim Weben gibt es das sogenannte „Fach", durch welches das Schiffchen geführt wird. Dabei ist einmal der eine Teil der Kettfäden oben, beim nächsten Schuß der andere Teil der Kettfäden. Diese wechselnde Bewegung der Fäden machen unsere Beine im Musikteil B nach.

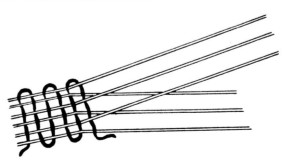

● Sprünge in die Schrittstellung: Man springt mit beiden Füssen gleichzeitig etwas hoch und setzt sie in wechselnder Schrittstellung auf, erst den linken Fuß vorn, dann den rechten, und so weiter.

Beim Üben gebraucht man am besten nicht den Tonträger, sondern singt oder summt den Melodieteil B, damit die Sprünge langsam ausgeführt werden können.

● Der ganze Tanz läuft jetzt folgendermaßen ab:
Teil A: Alle gehen im Kreis gegen den Uhrzeigersinn; die Hände sind gefaßt.
Teil B: Zu jedem Takt wird ein wechselnder Sprung in die Schrittstellung ausgeführt.

Phase 4: Die Tanzform wird erweitert

1. Variante: Der *Teil A* bleibt wie bisher. Zu *Teil B* tanzt der größte Teil der Klasse die Wechselsprünge. Einige Kinder bilden eine Instumentengruppe und schlagen auf Klanghölzer und Holzblocktrommeln den Rhythmus ♫ ♩ .

2. Variante: Der *Teil A* bleibt wie vorher.

Teil B: 1. Durchgang = Wechselsprünge

2. Durchgang = Klatschen am Platz

3. Durchgang = Stampfen

4. Durchgang = Klatschen am Platz

5. Durchgang = Stampfen

6. Durchgang = Wechselsprünge

3. Variante: Wie 2. Variante. Jedoch wird *Teil A* wie in der französischen Originalfassung getanzt: Alle beginnen mit dem linken Fuß, der den rechten Fuß beim ersten Schritt kreuzt. Dann einfache Gehschritte wie bisher.

III. Die angestrebte Tanzform im Überblick

A

Alle gehen in ruhigen Schritten im Kreis gegen den Uhrzeigersinn, und zwar auch bei der Wiederholung (also 16 Schritte lang).
Mit dem letzten Schritt drehen sich alle zur Mitte, lassen aber die Hände nicht los.

B

Ausgangs-
stellung:

Zu jedem Takt wird ein wechselnder Sprung in die Schrittstellung ausgeführt.

linker Fuß beginnt   **linker** Fuß beginnt
          rechter Fuß beginnt   **rechter** Fuß beginnt

IV. Tanzgelegenheiten außerhalb des Musikunterrichts

Ganz anders als bei der unterrichtlichen Erarbeitung gehen wir beim geselligen Tanzen, zum Beispiel bei Schulfesten, Elternnachmittagen und offenen Tanzangeboten für Eltern und Kinder, vor. Dann werden nur die Wechselsprünge für den Teil B vorgemacht. Sogleich läuft der Tanz wie oben unter III beschrieben ab, indem der Tanzleiter vormacht, während die anderen nachmachen. – Am besten ist es, wenn eine Grundschulklasse oder Tanz-Arbeitsgemeinschaft die Tanzform im Unterricht erarbeitet hat, den anderen einige Durchgänge vorführt und sie dann in den Tanzablauf hineinnimmt.

Spring-ins-Feld

I. Die Musik des Tanzes

(a) Zur Herkunft

Die Musik wurde von Robby Schmitz eigens für Kinder komponiert. Ein „Springinsfeld" ist jemand, der frisch drauflos springt und läuft. Dieses Wort bezeichnet den Charakter und den Zweck der Musik. Sie eignet sich in ihrer aufmunternden und auffordernden Art gut für ein Bewegungsspiel mit Kindern. Dieses Tanzspiel wurde zuerst unter dem Titel „Flohmarkt" von Anneliese Gaß-Tutt in „Kinderparty – Kinderspaß" (Fidula-Verlag) veröffentlicht.

(b) Gliederung der Melodie

Es sind zwei Melodieteile deutlich zu erkennen.

Melodieteil A:

Melodieteil B:

Bezeichnend ist ein durchgehender punktierter Rhythmus im schnellen Lauftempo. Beide Melodieteile verwenden gängige Motive, die sich zum Teil an die Musik aus dem Alpenraum anlehnen. Dieses ist wahrscheinlich der Grund für die Eingängigkeit und Beliebtheit dieser Tanzmusik.

(c) Schema der Einspielung

		①				②				③				④	
	Vor-spiel	A	A	B	B	A	A	B	B	A	A	B	B	A	A
Takte	4	8	8	8	8	8	8	8	8	8	8	8	8	8	10

II. Vorschläge für den Unterricht

Dieses Tanzspiel erfordert keine besondere Hinführung wie bei Tänzen, die unterschiedliche Schrittfolgen und Raumaufteilung erfordern. Die Kinder stehen im Kreis paarweise hintereinander. Alle schauen zur Mitte. Ein Teilnehmer im Kreis hat keinen Partner. Bei der Einführung des Spiels wird diese Rolle vom Lehrer übernommen. Er läuft im Takt zur Musik allein durch den Kreis und holt sich ein Kind von denen, die im Innenkreis stehen. Mit diesem läuft er noch eine Weile durch den Kreis; beide stellen sich dann an den alten Platz. Das nun alleingebliebene Kind läuft sofort los, holt sich einen Partner, läuft eine Weile im Kreis und stellt sich mit diesem an seinen alten Platz. So geht das Spiel ununterbrochen weiter. Für die Kinder im Innenkreis ist das Spiel spannend, weil sie darauf warten, daß sie geholt werden. Genauso interessant ist es für die im Außenkreis Stehenden. Sie liegen auf der Lauer, um loszulaufen, wenn der Vordermann weg ist.

Varianten

● Im 1. Schuljahr ist es hilfreich, den Platz für je zwei Kinder mit einem Kreis auf den Boden zu malen oder mit einem Reifen zu bezeichnen. Ein Kind ist allein „zu Haus" und holt sich einen Freund aus dem Nachbarhaus. Dadurch bleibt einer im Nachbarhaus zurück. Dieser muß sich nun ein neues Kind ins Haus holen.

● Bei großen Gruppen älterer Kinder kann man vereinbaren, daß gleichzeitig zwei Einzeltänzer loslaufen, um neue Partner zu holen. Das Spiel wird dadurch bewegter und spannender.

III. Die angestrebte Tanzform

Paarweise im Kreis. Alle schauen zur Mitte. Ein Kind läuft durch den Kreis. Am Ende von A holt es sich ein Kind aus dem Innenkreis.

Die zwei Kinder laufen eine zeitlang durch den Kreis. Am Ende von B stehen sie am alten Platz.

IV. Tanzgelegenheiten außerhalb des Musikunterrichts

Das Tanzspiel „Spring-ins-Feld" eignet sich aus zwei Gründen vorzüglich für Sommer- und Schulfeste: Es muß nicht geübt werden – und vor allem: Es bringt schnell eine gute Stimmung. Mit zunehmender Tanzerfahrung zeigt sich, daß ein Teil der Kinder sich beim Laufen im Kreis, beim Holen des Partners und beim Zurückstellen in den Kreis den Perioden der Melodie anpaßt.

5

Indo Eu / Sonnentanz

I. Die Musik des Tanzes

(a) Zur Herkunft

Die Musik des Indo Eu stammt aus Portugal. Sie wurde zum ersten Mal 1976 veröffentlicht. Im Liedtext kommt der Wunsch eines Mädchens nach einem Tänzer zum Ausdruck. Es ist auf dem Wege in die Stadt Viseu und hofft, dort seine Liebe zu finden. Die ersten Worte Indo eu (Wenn ich gehe, oder: Ich gehe zu dir) haben dem Tanz den Namen gegeben.

(b) Gliederung der Melodie

Die Melodie des Indo Eu besteht aus zwei Perioden von je 8 Takten Länge. Wir bezeichnen diese mit A und B. Nun ist es auffallend, daß jede Periode wiederum in zwei gleiche Teile von 4 Takten Länge gegliedert ist. Daher kommt es, daß die Melodie eingängig ist und schnell mitgesungen werden kann. – Die Melodie ist so beschaffen, daß sie in unterschiedlicher Weise rhythmisch begleitet werden kann. Zum Teil A paßt eine durchgehende rhythmische Begleitung im Metrum ♪ ♩♩ ♩♩ . Zu B kann der Rhythmus ♩♩ ♩ ♪ geklatscht werden.

(c) Schema der Einspielung

Auf dem Tonträger sind sechs Durchgänge eingespielt.

		1. Durchgang		2. Durchgang		3. Durchgang		4. Durchgang		5. Durchgang		6. Durchgang	
		A	B	A	B	A	B	A	B	A	B	A	B
Vorspiel		Flöten	Flöten	Krummhorn	Flöten Krummh.	Flöten	Flöten	Krummhorn	Flöten Krummh.	Flöten	Flöten	Krummhorn	Flöten Krummh.
Takte	4	8	8	8	8	8	8	8	8	8	8	8	8

Beim 2., 4. und 6. Durchgang wechselt die Klangfarbe; die Melodieperiode A wird hier von einem Krummhorn gespielt (Zum Krummhorn siehe unter Teppichknüpfen). Dadurch wird für unser Ohr der Beginn des neuen Durchgangs deutlich hervorgehoben.

II. Vorschläge für den Unterricht

Kinder im 1. und 2. Schuljahr nehmen diesen Tanz gern auf. Er ist aber auch als Einstieg für Kinder im 3./4. Schuljahr geeignet, die noch nicht gewöhnt sind, zu tanzen.

Phase 1: Unterscheiden der Musikteile

● Die Kinder sitzen auf dem Boden im Kreis und hören auf die Musik. Hörauftrag des Lehrers: „Hebt die Hand, wenn ihr meint, daß ein neuer Musikteil beginnt."

● Zum Teil A schlagen wir leicht mit der Hand auf den Boden. Zum Teil B hören alle zu, während der Lehrer den Rhythmus ♩ ♩ | ♩ ♪ durch Klatschen vorgibt. Bei wiederholtem Hören machen die Kinder nach und nach mit. Dieser Schritt dient dem leichteren Erkennen von B; das Schlagen auf den Boden und das Klatschen in die Hand sind Hilfen, die das Spiel auf Instrumenten vorbereiten.

Phase 2: Bewegung im Raum

Die Kinder bewegen sich in zwei Gruppen abwechselnd zur Musik. Der Lehrer oder ein Kind begleitet zum Teil A mit der Handtrommel, während die Bewegungsgruppe im Metrum der Musik geht. Die Kinder können dabei mit den Händen seitlich auf die Schenkel patschen. Die andere Gruppe steht inzwischen still. Zum Teil B bewegt sich die zweite Kindergruppe mit gleichmäßigen Schritten durch den Raum, während der Lehrer den Rhythmus ♩ ♩ | ♩ ♪ klatscht. Nach und nach klatschen die Kinder diesen Rhythmus. Während des B-Teils steht die erste Gruppe still. Es empfiehlt sich, bei dieser Übung die Melodien ohne Tonträger zu singen, weil dabei das Tempo verlangsamt werden kann.

Phase 3: Freie Bewegung im Raum mit Instrumenten

Möglichst alle Kinder haben ein Instrument in der Hand. Sie bewegen sich in zwei Gruppen abwechselnd zu den Musikteilen und begleiten sich selbst.

Zum Teil A geht die erste Gruppe im Metrum der Musik, begleitet sich mit Handtrommeln und steht beim B-Teil still.

Zum Teil B geht jedes Kind der zweiten Gruppe vier Schritte vor, spielt dazu den Rhythmus ♩ ♩ | ♩ ♪ und wiederholt diesen Vorgang.

Die Kinder der Erprobungsgruppe hatten viel Freude an der Bewegung zur Musik und waren mit diesem Ergebnis schon zufrieden. Das Aha-Erlebnis brachte jedoch noch das folgende Tanzen um die Sonne, das nach der Vorbereitung völlig mühelos gelang.

Phase 4: Die angestrebte Tanzform

Der Lehrer legt in die Mitte des Raumes einen Rhythmikreifen und sagt: „Wir stellen uns vor, dieses sei die Sonne. Vier Stäbe sollen die Sonnenstrahlen andeuten. Denn jetzt machen wir einen Sonnentanz." An des Ende eines jeden Stabes legt der Lehrer eine Handtrommel (Handpauke), links und rechts davon je eine Holzblocktrommel oder Klanghölzer. Zwölf Kinder führen die Tanzform aus, die anderen Kinder spielen zu den Musikteilen A und B auf Instrumenten mit, wie es vorher geübt worden ist.

Um den Hinweis auf die Sonne zu verstärken, ist es angebracht, Reifen und Stäbe mit gelbem oder orangefarbenem Kreppapier zu umwickeln.

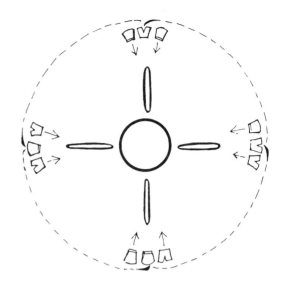

● Die Kinder werden aufgefordert, sich an die durch Instrumente bezeichneten Plätze zu stellen. An jedem Stabende sind also drei Kinder: Eines spielt die Handtrommel, zwei die Klanghölzer. Weil die Bewegungsabläufe in den vorhergehenden Phasen erarbeitet worden sind, ist es angebracht, die Kinder zur Überlegung aufzufordern: „Wie könnte der Sonnentanz ausgeführt werden, wenn ihr diese Instrumente dabei spielt?"

● Beim Vorspiel stehen alle still.

Zum *Teil A* gehen die Trommelspieler gegen den Uhrzeigersinn bis zum nächsten Stab. Sie schlagen dabei die Trommeln im Rhythmus ♩ ♩ ♪ ♩ ♩ . Während B erklingt, bleiben sie stehen, ohne zu spielen.
Zum *Teil B* gehen die Kinder mit Holzblocktrommeln vier kleine Schritte zur Mitte und zurück. Dabei spielen sie den Rhythmus ♪♪ ♪ ♪ ♪ .
Diese Figur wird wiederholt. Während des A-Teils stehen sie still an ihrem Platz.

III. Die angestrebte Tanzform im Überblick

Trommelspieler gehen bis zum nächsten Stab.

Kinder mit Holzblocktrommeln gehen vier Schritte zur Mitte und zurück. Wiederholen.

6

Rösselsprung

I. Die Musik des Tanzes

(a) Zur Herkunft

Die Melodie des Rösselsprungs hat Hans Poser eigens für Kinder erfunden. Die Tanzmusik wurde 1970 erstmals veröffentlicht. Wie bei den Kinderliedern Hans Posers fällt auch bei dieser Tanzmelodie auf, daß der Komponist ein feines Gespür dafür hatte, was Kindern Freude macht. Pferde sind für Kinder im Alter von etwa 5 bis 10 Jahren bewunderte und beliebte Tiere.

(b) Gliederung der Melodie

Die Melodie zum Rösselsprung gliedert sich in drei Teile, die sich deutlich voneinander unterscheiden. Die Teile A und B sind gleich lang, nämlich 8 Takte; sie bekommen ihren unterschiedlichen Charakter jedoch von der Taktart. A ist im

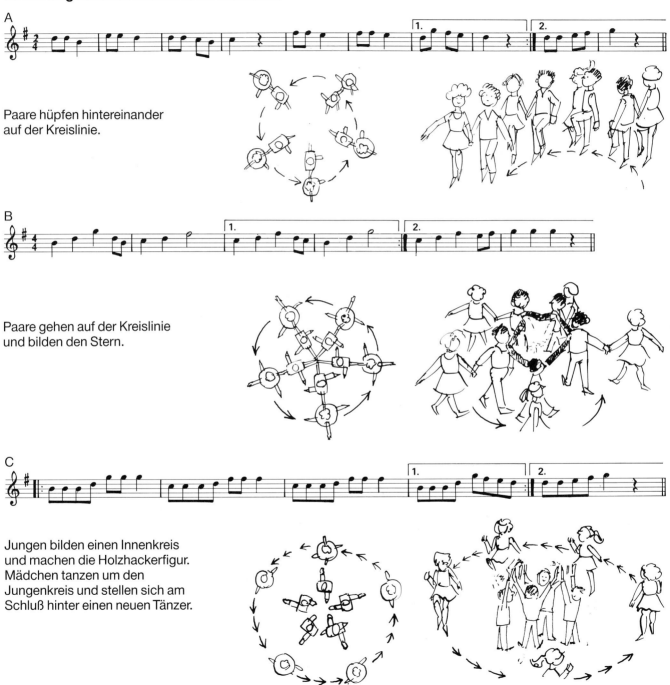

10

Balaio, der Korb

I. Die Musik des Tanzes

(a) Zur Herkunft

Der Balaio ist ein Brauchtumstanz aus Südamerika. Er stammt aus dem Nordwesten
Brasiliens und wurde dort bis zum Ende des 19. Jahrhunderts zum Ausgleich nach mühe-
voller Erntearbeit gern getanzt. Dieser Tanz ist also nicht unter Kindern oder für Kinder entstanden. Es empfiehlt sich, in der Schule diesen kulturellen Hintergrund zu berücksichtigen und den Balaio in eine übergrei-
fende Einheit einzubinden, zum Beispiel in das Thema Ernte.

Der Text des Tanzliedes ist im Original in portugiesischer Sprache abgefaßt. „Balaio" bedeutet Korb und ist in zweifa-
cher Hinsicht symbolhaft zu verstehen. Zum einen sehen die beim Drehen schwingenden Röcke der Mädchen wie
Körbe aus, zum anderen sind die Körbe auf dem Kopf gemeint. Die Ernte, zum Beispiel Baumwolle, Maniokwurzeln,
wird in Körben auf dem Kopf getragen. Ein junger Gaucho bewundert sein Mädchen am meisten. Dieses ist so fleißig
bei der Ernte, daß der Korb mit Baumwolle übervoll ist. Wenn er nun noch sein Herz hineinlegt, dann ist der Korb sicher
zu klein.

(b) Gliederung der Melodie

Die Melodie läßt deutlich zwei Teile erkennen. Auf den Melodieteil A werden die Strophen gesungen, auf den Melodieteil
B der Refrain.

Melodieteil A ist vornehmlich von Achtelbewegungen geprägt. Am Anfang seiner beiden Teile ist die Melodieführung
aufwärts. Das Schlußmotiv ♫♫♫♪ führt deutlich auf den Grundton zurück.

Dasselbe Motiv wird auch den Teil B abschließen. Die Melodiegestaltung von A weist auf europäische Herkunft hin.

49

Anders *Melodieteil B*. Hier fallen wiederholte Schwerpunktverschiebungen auf, nämlich ♪ ♫♩ ♪. Vermutlich ist hier afrikanischer Einfluß im Spiel. Der unterschiedliche Charakter der beiden Musikteile kann aus der Herkunft aus gegensätzlichen Quellen erklärt werden. „In der Musik sind unter vermutlich afrikanischem Einfluß entstandene Elemente der alten ‚Lundus'-Kulturen feststellbar. Der Text ist jedoch einer Gauchosprache zuzuordnen, der man nur im Süden Brasiliens begegnet. Diesem Mischcharakter entspringt der besondere Reiz dieses Tanzliedes" (Hiltraud Reckmann in Balaio, Fidula 1984, Seite 5).

(b) Schema der Einspielung

	Vorspiel	1. Durchgang		2. Durchgang		3. Durchgang		4. Durchgang		5. Durchgang		6. Durchgang	
	Flöte	A	B	A	B	A	B	A	B	A	B	A	B
Takte	8	8	8	8	8	8	8	8	8	8	8	8	8

II. Vorschläge für den Unterricht

Phase 1: Anschauung zum Thema „Ernte"

Im Unterrichtsgespräch sollte man herausstellen, welche Früchte bei uns in Körben geerntet werden, zum Beispiel Äpfel, Birnen, Nüsse, Trauben. In Brasilien, woher dieser Tanz Balaio stammt, werden andere Früchte geerntet, nämlich Kaffee, Maniokwurzeln, Baumwolle. Die Frauen und Mädchen tragen die Körbe auf dem Kopf. Und nach der mühevollen Erntearbeit tanzen sie!

Als Anschauungsmaterialien können Bilder, Dias oder Filme von der Baumwollernte in Brasilien dienen. Im Blumenhandel erhält man im Herbst auch Äste von Baumwollsträuchern.

Wenn es an Erntebildern aus Brasilien mangelt, ist es ebenso sinnvoll – zum Beispiel im Zusammenhang mit dem übergreifenden Unterrichtsthema „Freunde gibt es überall" – von Bildern über Ernte in der 3. Welt auszugehen, insbesondere von solchen, die das Tragen der Lasten auf dem Kopf zeigen. Sehr gut eignet sich dazu das Bilderbuch „Gimka und Golka" (zu beziehen durch Misereor, 5100 Aachen, Mozartstraße).

Phase 2: Angeleitete Bewegung zur Unterscheidung der Musikteile A und B.

● Haltungsübung mit Sandsäcken auf dem Kopf. „Wie würdest Du gehen, wenn Du eine Last auf dem Kopf tragen müßtest?" Jedes Kind geht mit einem Sandsäckchen auf dem Kopf im Eigentempo durch den Raum. Wir achten auf die Körperhaltung (aufrecht, Kopf hoch) und lockere Armhaltung. Dazu kann man den Melodieteil A summen oder auf einem Instrument spielen. Statt Sandsäckchen können auch Körbchen aus Peddigrohr oder Bast dienen. Wenn man keine Materialien zur Verfügung hat, wird der Korb mit den Händen über dem Kopf angedeutet.

● Bewegungsübungen mit den Beinen: Schwingen des linken / rechten Beines vor, zurück, vor dem Körper. Dabei werden die Arme locker mitgenommen. Dazu kann man den Melodieteil B summen oder auf einem Instrument spielen.

● Partnerübung: Der Melodieteil B wird gesummt oder auf einem Instrument gespielt. Die Paare stehen voreinander und führen ihre selbstgefundenen Bewegungsformen vor. Der Lehrer sollte möglichst viele Beispiele vormachen lassen und von allen Kindern probieren lassen. Ist eine originelle Lösung dabei, die der angestrebten Tanzform nahekommt, so kann sie zur Tanzmusik ausgeführt werden!

Phase 3: Die angestrebte Tanzform

Teil A: Alle gehen durch den Raum und imitieren das Lastentragen. Am Ende des Musikabschnitts A werden die imaginären Lasten abgesetzt. Je zwei Kinder stellen sich voreinander.

Teil B: Jedes der gegenüberstehenden Kinder macht einen Schritt nach **rechts**, schwingt das linke Bein vor dem Körper und klatscht gleichzeitig in die Hände.

Es folgt dasselbe nach **links**. Nun schwingt das rechte Bein.

Jetzt dreht sich jeder (nach rechts) mit vier Schritten um sich selbst und klatscht beim letzten Schritt noch einmal in die Hände.

Phase 4: Die Tanzform wird ein wenig verändert

Es kann vorkommen, daß Jungen sich scheuen, immer mit demselben Mädchen ein Paar zu bilden, – und umgekehrt. In diesem Falle hilft eine Variante der angestrebten Tanzform.

Die Kinder bilden zwei Kreise.

Teil A: Der Außenkreis geht **gegen** den Uhrzeigersinn, der Innenkreis geht **mit** dem Uhrzeigersinn (16 Schritte). Am Ende wenden sich die Innentänzer nach außen und die Außentänzer nach innen. Je zwei Kinder stehen zu Paaren einander gegenüber.

Teil B: Jedes Paar tanzt die angestrebte Bewegungsform.

III. Die angestrebte Tanzform im Überblick

Die Kinder gehen in aufrechter, lockerer Haltung durch den Raum. Bei Takt 8 stehen je zwei Kinder mit dem Gesicht zueinander.

Jeder schwingt ein Bein vor dem Körper, mit **links** beginnen. Bei ∗ in die eigenen Hände klatschen. Anschließend schwingt das **rechte** Bein.

Beide Kinder drehen sich um sich selbst und klatschen beim letzten Schritt bei ∗ noch einmal in die Hände.

11

Siebensprung

Seven Jumps

1

2

3

4

5

6

7

I. Die Musik des Tanzes

(a) Zur Herkunft

Der Siebensprung ist ein Tanz aus Dänemark. Er gehört zu einer Gruppe von Siebenschritt- oder Siebensprungtänzen, die sich in mehreren europäischen Ländern finden. Bei ihnen spielt die Zahl Sieben, die eine magische Bedeutung hatte, eine bestimmende Rolle. Entweder werden innerhalb des Tanzes sieben Schritte besonders betont oder gezählt, wie zum Beispiel beim Singtanz „Eins, zwei, drei, vier, fünf, sechs, sieben, – wo ist denn mein Schatz geblieben?". Oder es werden – von Durchgang zu Durchgang aufbauend – sieben verschiedene Figuren ausgeführt, wie bei diesem Tanz.

(b) Gliederung der Melodie

Schon beim ersten Anhören sind drei Teile deutlich zu unterscheiden.

Melodieteil A , vorwiegend in Achtelbewegungen, fordert zum Laufen auf.

Melodieteil B beginnt mit drei Vierteln auf dem gleichen Ton (x); sie regen zum Mitklatschen oder zum Stampfen an. Ihnen folgt eine kurze Laufmelodie. Nach zwei Takten wiederholt sich die Klatsch- bzw. Stampfstelle; die anschließende Laufmelodie führt jetzt aber nach unten und fordert zum Stehenbleiben auf.

Teil C ist zunächst nur ein kurzes Motiv auf dem Xylophon:

Beim zweiten Durchgang wird das Motiv zweimal, beim dritten dreimal gespielt, – und so geht es weiter, bis es beim siebten Durchspiel siebenmal zu hören ist.

(c) Schema der Einspielung

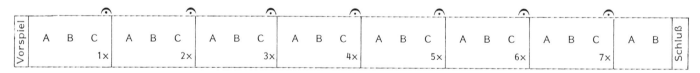

II. Vorschläge für den Unterricht

Der „Siebensprung" eignet sich schon für Lernanfänger. Er wird aber auch von Kindern des 3. und 4. Schuljahres gern getanzt, zumal auch im Sportunterricht wegen der recht intensiven Körperbeanspruchung.

Im Musikunterricht ergeben sich die folgenden Möglichkeiten als Verbindung von Hör- und Bewegungserziehung.

Phase 1: Unterscheidendes Hören der drei Melodieteile

● Die Kinder sitzen während des Hörens am besten auf dem Boden. Sie geben durch Zeichen, zum Beispiel Hand heben, zu erkennen, wann die Melodieteile wechseln. Auffallend sind die Wiederholungen eines Tones (= Teil C). Schon hier kann ein Hinweis gegeben werden, daß zu diesen Tönen später beim Tanzen jeweils andere Bewegungen gemacht werden sollen.

● Es wird die Aufgabe gestellt, Stellen zu unterscheiden, zu denen man laufen könnte, und solche, bei denen es sich anbietet, in die Hände zu klatschen. Bei erneutem Hören klatschen alle zu den Takten 5 und 7 (siehe x x x).

Phase 2: Finden von Bewegungsformen

● Alle gehen zum Musikteil A frei im Raum. Obacht, daß der ganze Raum genutzt wird. Vorstellungshilfe: „Stellt euch vor, ihr wäret auf einem Floß. Wenn alle auf einer Seite sind, kippt es um." – An den „Klatschstellen" im Teil B bleibt jeder stehen und klatscht dreimal in die Hände (Takte 5 und 7). Sobald die wiederholten Töne erklingen, bleibt jeder stehen und erfindet auf seinem Platz eine Figur, die „einfriert" („Denkmal"). Diese wird so lange gehalten wie das Motiv dauert.

● Bei Wiederholungen wird statt des Klatschens dreimal gestampft. Nach und nach wird für das Stampfen die Reihenfolge rechter – linker – rechter Fuß eingeführt.

● Steigerung: Statt durch den Raum zu *gehen, laufen* jetzt alle.

Phase 3: Die angestrebte Tanzform

Teil A: Alle fassen sich im Kreis an und laufen im Uhrzeigersinn 16 Schritte. Man achtet darauf, daß am Schluß von A alle zur Mitte schauen. Die Hände bleiben gefaßt.

Teil B: Wie schon in Phase 2 entwickelt, stampfen alle rechts – links – rechts zu den Vierteltönen. Jetzt wechseln jedoch miteinander ab: Stampfen / Laufen im Kreis / Stampfen / Laufen im Kreis. Da im folgenden jeder für sich Bewegungen am Platze macht, werden die Hände am Ende von Melodieteil B gelöst.

Zum *Teil C* werden sieben verschiedene Figuren gemacht, und zwar bei jedem Durchgang eine mehr. Diese Figuren müssen – anders als beim Erfinden durch Kinder in Phase 2 – jetzt vorher verabredet oder vom Lehrer vorgemacht werden. Wir geben hier eine Reihenfolge an, die sich besonders bewährt hat. Es ist aber durchaus möglich, diese durch andere zu ersetzen, die ein Vortänzer jeweils angibt.

Entsprechend der Länge des Motivs machen die Kinder jeweils folgende neue Figur dazu (vergleichen Sie dazu die Fotos neben dem Tanztitel):

- linkes Knie hochziehen (Storch),

- rechtes Knie hochziehen,

- auf dem linken Knie knien,

- das rechte kommt hinzu,

- den linken Ellbogen aufstützen,

- der rechte Ellbogen kommt hinzu,

- mit der Stirn den Boden berühren.

III. Die angestrebte Tanzform

A

Alle Kinder laufen im Uhrzeigersinn im Kreis (16 Schritte).
Am Schluß drehen sich alle zur Mitte. Die Hände bleiben gefaßt!

B

rechts – links – rechts

Fünf Laufschritte

rechts – links – rechts

Hände los- lassen

Fünf Laufschritte

C

1. Durchgang	Linkes Knie hochziehen („Storch")					
2. Durchgang		Rechtes Knie hochziehen				
3. Durchgang			Auf dem linken Knie knien			
4. Durchgang	– // –	– // –	– // –	Das rechte Knie kommt hinzu		
5. Durchgang	– // –	– // –	– // –	– // –	Linken Ellbogen aufstützen	
6. Durchgang	– // –	– // –	– // –	– // –	– // –	Rechter Ellbogen kommt hinzu
7. Durchgang	– // –	– // –	– // –	– // –	– // –	– // –	Mit der Stirn den Boden berühren

Entsprechend der *unterschiedlichen* Länge der Töne in den jeweiligen Stellungen bleiben. Am Schluß jedes Durchgangs rasch zum Kreis durchfassen.

IV. Geselliges Tanzen

Bei Schulfesten oder Landschulheimaufenthalten läßt sich der „Siebensprung" auch mit ungeübten Gruppen problemlos mittels Ansage, Vor- und Mitmachen tanzen. Der Tanzleiter ruft zu Teil A hinein: „Kreis nach links!" Zum Teil B macht er das Stampfen mit den Füßen vor und gibt für die Kreisbewegung nach rechts Zeichen. Die lustigen Bewegungen zum Teil C werden ebenfalls vor- und mitgemacht. Zunächst ist es gleich, ob die Lauf- und Stampfschritte mit dem angegebenen Fuß beginnen. Das Wichtigste ist die Freude an der Bewegung.

12

Die Rhône

Pour passer le Rhône

I. Die Musik des Tanzes

(a) Zur Herkunft

Die Melodie des Tanzes, die auf dem Tonträger instrumental ausgeführt wird, gehört ursprünglich zu einem französischen Tanzlied. Dieses Lied erzählt davon, daß man die Brücke über die Rhône nur zu zweit überqueren kann. Um sie gut zu überqueren, muß man tanzen können. Der Originaltext heißt:

> Pour passer le Rhône, il faut être deux.
> Pour le bien passer, il faut savoir danser.
> Allons passe, passe, passe, allons passe donc.
> Allons passe, passe, passe, allons passe donc.

Wie man sieht, zeigt der Text Parallelen zum Lied „Es führt über den Main eine Brücke von Stein"[8]. Auch das bekannte französische Tanzlied „Sur le pont d'Avignon" erzählt von einer Brücke, auf der getanzt wird[9]. In solchen Liedern werden Brücken Kräfte zugesprochen, die die Menschen zum Tanzen bringen.

(b) Gliederung der Melodie

Die Melodie umfaßt „nur" fünf Tonstufen, deren Spannung gleich mit dem ersten Intervall e – h erreicht wird. Dieses Intervall wird dann in unterschiedlicher Weise durch Tonschritte und Tonsprünge ausgefüllt und im Takt 10 bzw. 14 durch den Quartsprung abwärts e – h (die Entsprechung zur Quint e – h aufwärts) gefestigt. Im Zentrum unseres tonalen Empfindens steht der Ton e, bzw. die Tonart e-moll (äolisch). Die Melodie ist ein Beispiel dafür, daß Musik in Moll nicht als traurig empfunden werden muß und daß man dazu auch tanzen kann.

---

[8] Liedvermittlung siehe MUSIKPRAXIS-Heft 15
[9] MUSIKPRAXIS-Heft 9

Die Melodie läßt deutlich zwei Teile erkennen, die jedoch beide in derselben Weise durch abwärts geführte Tonstufen g – fis – e enden.

Der **Melodieteil A** ist durch die Viertel-Töne in den Takten 1 und 3 bzw. 5 und 7 charakterisiert. Zu diesem Melodieteil wird man Gehschritte ausführen.

Im **Melodieteil B** überwiegen Achtel-Bewegungen. Er wird mit Galoppschritten getanzt.

(c) Schema der Einspielung

Takte	Vorspiel	1.Durchgang		2.Durchgang		3.Durchgang		4.Durchgang		5.Durchgang		6.Durchgang		Schluß=A
		A	B	A	B	A	B	A	B	A	B	A	B	
	8	8	8	8	8	8	8	8	8	8	8	8	8	8

II. Vorschläge für den Unterricht

Phase 1: Erschließung der Tanzformen vom Lied aus

Die Rhône Melodie wird gesungen:

Text: Autoren

Komm jetzt auf die Brük- ke, a - ber nur mit mir.
Willst du mit mir tan - zen, komm ich zeig es dir.

Komm, wir tan - zen jetzt hin - ü - ber auf die an - dre Seit.
Komm, wir tan - zen jetzt hin - ü - ber, das ist schön zu zweit.

Die im französischen wie im deutschen Liedtext deutlich genannten Tanzanweisungen „zu zweit" und „tanzen auf die andre Seit" legen es nahe, zuerst den Text zu betrachten, – am besten, nachdem das Lied in der deutschen Übersetzung gesungen wurde. Der Lehrer erklärt – möglichst unterstützt von Bildern –, daß die Rhône ein großer Fluß ist, der in Südfrankreich ins Mittelmeer fließt. Er ist in Frankreich so bekannt wie bei uns der Rhein oder die Donau. Über die Rhône führen Brücken. Das Foto auf der Seite 57 kann zur Anschauung dienen.

● Die Kinder versuchen, gemäß dem Text „das ist schön zu zweit" und „tanzen auf die andre Seit" beim Singen Tanzformen zu entwickeln. Das Tanzen zu zweit kann sehr verschieden ausfallen: zum Beispiel Hüpfen nebeneinander; mit beiden Händen gefaßt im Seitgalopp; hintereinander (wie Pferd und Wagen); rundherum (wie eine Mühle).

● Die Vorstellung einer Brücke muß nun in eine passende Aufstellungsform umgesetzt werden. Die Idee, eine Gasse zu bilden, ist so naheliegend, daß Kinder von sich aus darauf kommen können.

Durch diese sich entwickelnde Art der Hinführung zum Tanz, die den Kindern Gelegenheit zu phantasievollen Erfindungen einräumt, wird die angestrebte Tanzform nicht als etwas Fremdes empfunden. Wir entdecken manches von uns Gefundene darin wieder.

Phase 2: Entwickeln einiger Tanzelemente

● Die Tanzmusik wird ohne Kommentar (!) eingespielt. Da die Kinder die Melodie schon gesungen haben, werden sie bald die beiden Teile hörend wiedererkennen. Es werden Zeichen vereinbart, durch welche die Kinder auf die Teile A und B reagieren, zum Beispiel:
– zu A eine Hand heben, zu B beide Hände heben;
– zu A geht eine Gruppe (zum Beispiel Mädchen) frei durch den Raum, zu B hüpft eine andere Gruppe (zum Beispiel Jungen) durch den Raum, die anderen klatschen dazu.

● Zum Teil A gehen die Kinder zu Paaren in Einhandfassung frei durch den Raum. Zu Teil B drehen sich die Paare zueinander und hüpfen im Seitgalopp.

● Die Kinder stehen zu Paaren im Raum verteilt. Zwischen den Kindern eines jeden Paares ist Platz für mehrere Schritte. Zu A gehen die beiden Kinder jedes Paares zweimal mit vier Schritten aufeinander zu und zurück. Am Schluß von A fassen sie sich bei den Händen. Zum Teil B hüpfen sie im Seitgalopp frei durch den Raum. Damit wird aus den selbstgefundenen Formen in der Phase 1 *eine* aufgegriffen. Kinder, die den Seitgalopp besonders gut beherrschen, führen es den anderen vor.

Phase 3: Die angestrebte Tanzform

Aufstellung in einer Gasse; die Paare stehen einander im Abstand von zwei bis drei Metern gegenüber. Wenn eben möglich, sollten – wegen der Zahl der Durchgänge – sechs Paare einander gegenüberstehen. Gehören mehr Kinder zur Gruppe, so bildet man entsprechend mehr Reihen.

Bei der Musik von *Teil A* gehen die gegenüberstehenden Paare mit vier Schritten aufeinander zu und ebenso mit vier Schritten rückwärts – also ohne Drehung! – zurück. In der Mitte begrüßen sich die Partner durch Kopfnicken. Dieser Bewegungsablauf wird wiederholt, – wie die Musik. Nur das erste Paar bleibt bei der Wiederholung von Teil A in der Mitte der Gasse stehen und faßt sich bei den Händen.

Teil B: Das erste Paar hüpft im Seitgalopp zur Musik B durch die Gasse. Die anderen klatschen dazu. Bei der Wiederholung des Musikteils B schließt sich das erste Paar hinten an die Reihe an. Das hüpfende Paar gelangt in der Regel über das Ende der Gasse hinaus. In diesem Fall muß es bei der Wiederholung der B-Melodie im Seitgalopp einige Schritte zurücktanzen und sich dann an die Gasse anschließen.

Während der letzten beiden Takte des B-Teils rückt die gesamte Gasse nach oben auf in die Ausgangsstellung.

III. Die angestrebte Tanzform

A

Mit vier Schritten aufeinander zu und rückwärts zurück. Wiederholung.

B

Das erste Paar hüpft im Seitgalopp durch die Gasse. Die anderen klatschen. Aufrücken!

13

Sternpolka

**auch Doudlebska Polka
oder Linzer Polka genannt**

I. Die Musik des Tanzes

(a) Zur Herkunft

Der Tanz stammt aus dem Grenzgebiet zwischen Böhmen, Bayerischem Wald und Österreich (Mühlviertel). Er ist deshalb auch unter drei Namen überliefert. Das Wort Doudlebska weist nach Böhmen. Der Name Linzer Polka ist wahrscheinlich wegen des Bekanntheitsgrades dieser österreichischen Stadt gewählt. Sternpolka heißt sie, weil eine sternförmige Figur für sie charakteristisch ist.

In unserer Einspielung wird versucht, den Charakter dieser dreiklangsgebundenen Musik durch die Verwendung von Holzblasinstrumenten, besonders der Klarinette, zu betonen.

Die Sternpolka ist die Spielform eines Gesellschaftstanzes. Im Volkstanz wird zum Teil A paarweise in freier Verteilung im Tanzraum der Polkaschritt getanzt. Im B-Teil finden sich jeweils etwa 5 Paare zu einem Stern zusammen, wie er auch hier in einer vereinfachten Tanzform beschrieben wird. Auch im C-Teil entsprechen unsere Vorschläge dem Volkstanz, nur daß dort die Tänzerinnen im Polkaschritt um den Männerkreis tanzen und sich am Schluß einen neuen Partner suchen, mit dem sie den Tanz von vorn beginnen.

Die von uns empfohlene Tanzform ist ein gutes Beispiel dafür, wie auch in einer für Kinder vereinfachten Fassung die charakteristischen Merkmale eines Tanzes erhalten bleiben können.

(b) Gliederung der Melodie

Die Musik des Tanzes besteht aus drei Teilen.

Melodieteil A

Dieser Melodieteil im 2/4-Takt wird deutlich durch den Polka-Rhythmus charakterisiert. In unserer Einspielung wechseln Klarinette und Oboe in der Melodieführung; zur Verzierung tritt in einigen Durchgängen eine Piccoloflöte bei der Wiederholung hinzu.

Melodieteil B

Dieser Teil steht im 4/4-Takt, und das hat seinen Grund. Während im A-Teil kurze Akzente gesetzt werden, die den Hüpfrhythmus anzeigen, hören wir hier ganz deutlich einen breiteren Gehrhythmus, obwohl sich das Tempo der Musik nicht ändert. Viertel bleiben Viertel. Führendes Instrument ist hier durchweg die Klarinette, die dabei ihre Fähigkeit zu einer weichen Klanggebung zeigt, während sie im A-Teil keck und federnd spielt.

Melodieteil C

Der Teil C ist eigentlich eine Variation des B-Teiles. Deshalb verändert er sich auch bei jedem Durchgang ein wenig. Der breite Gehrhythmus des B-Teils wird dabei durch Achtelbewegungen so aufgelöst, daß die Musik sowohl zu den „Holzhacker"-Bewegungen von Jungen, wie zu dem gleichzeitigen Hüpfschritt von Mädchen paßt.

(c) Schema der Einspielung

Die Musik zum A-Teil steht im 2/4-Takt. Sie ist deshalb mit 16 Takten genau so lang wie der B- und C-Teil mit je 8 Takten im 4/4-Takt.

	Vorspiel	1. Durchgang			2. Durchgang			3. Durchgang			4. Durchgang			5. Durchgang			Schluß-teil
		A	B	C	A	B	C	A	B	C	A	B	C	A	B	C	A
Takte	4	16	8	8	16	8	8	16	8	8	16	8	8	16	8	8	16

II. Vorschläge für den Unterricht

Da die Sternpolka auch in vereinfachter Tanzform einige Ansprüche stellt, wird man sie nicht mit ungeübten Gruppen tanzen. Die Kinder sollten ein Grundrepertoire an Schritten, Formen und Bewegungen kennen und daran gewöhnt sein, sich an Metrum und Rhythmus der Musik anzupassen.

Im folgenden werden zwei verschiedene Unterrichtsvorschläge gemacht. Der erste ist vor allem für das 1. und 2. Schuljahr geeignet; er berücksichtigt nicht die Volkstanzform. Der zweite Vorschlag für das 3./4. Schuljahr führt mit relativ kurzen Vorübungen zur vereinfachten überlieferten Tanzform.

Phase 1: Unterscheidendes Hören durch unterschiedliche Bewegungen aufgrund einer Erzählung

Bei jüngeren Kindern gelingt die Unterscheidung von Bewegungsarten und Tanzformen am besten, wenn man Anschauungen aus dem Alltag zu Hilfe nimmt. Dazu wird hier die Vorstellung eines Spazierganges, einer Wanderung von Kindern mit Erwachsenen vorgeschlagen.

● Während der Lehrer erzählt, bewegen sich die Kinder entsprechend im Raum.

– Zunächst *hüpfen* die Kinder über eine Wiese. Im Wald springen sie hüpfend über Baumwurzeln und über Steine. Sie schlängeln beim Hüpfen um Bäume herum. Einige fassen sich auch an und hüpfen zu zweit und zu dritt. Der Weg ist schmal. Man kann nicht mehr geradeaus hüpfen, sondern muß zur Seite hüpfen. (Das ist der Seitgalopp.) – Dieses sind *Bewegungsimpulse*, die dem *Musikteil A* zugeordnet werden.

– Beim Spaziergang kann man nicht immer hüpfen, weil man außer Atem kommt. Jetzt *gehen* wir eine Weile, auch um Bäume herum. Wenn wir uns einen kleinen Teich vorstellen, bei den Händen fassen und um den Teich herumgehen, entsteht ein Kreis. – Diese *Bewegungsimpulse* weisen auf *Musikteil B* hin.

– Schließlich hocken wir uns zum Picknick hin. Die gekochten Eier werden heute *im musikalischen Rhythmus* angeschlagen: Alle klopfen mit den Fingerknöcheln ♫♩ ∣ ♫♩ usw. auf den Boden. Wir können auch das Moos fühlen und federnd leicht auf den Boden schlagen: ♫♩ ∣ ♫♩. – Dieses ist die Grundbewegung zum *Musikteil C*.

● Die Musik wird eingespielt. Die Kinder versuchen, in Assoziation zu der vorherigen Erzählung der Musik entsprechend zu *hüpfen*, zu *gehen*, im Rhythmus ♫♩ zu *klopfen*. Der Lehrer wiederholt einige Stichwörter, um das Gehör auf die Unterschiede der Musikteile zu richten.

● Von den Bewegungen, die durch innere Vorstellungen vom Spaziergang veranlaßt wurden, werden wir nun zu stilisierten Formen weiterführen. Deren Reihenfolge kann unter Beteiligung der Kinder festgelegt werden. Sie bleibt zunächst während der fünf Durchgänge gleich. Hier ein Beispiel: zu A = Alle *hüpfen* durch den Raum. zu B = Alle *gehen* im Kreis. zu C = Alle *klopfen* ♫♩ ∣ ♫♩ usw. auf den Boden.

Phase 2: Die gefundenen Bewegungen werden zur Tanzform

Die Musik wird eingespielt. Der Lehrer ruft kurz vor jedem Musikteil ein Stichwort, nach welchem alle ihre Bewegungen und die Raumformen ausrichten. Die rhythmischen Spiele zu C macht er kommentarlos vor! Hier ein Beispiel.

1. Durchgang: A = Jeder hüpft durch den Raum. B = Großer Kreis („wie ein See"), nach rechts gehen. C = Abwechselnd ♫♩ stampfen und in die Hände klatschen.

2. Durchgang: A = Hüpfen zur Seite. B = Zu zweit in kleinen Kreisen („um einen Baum herum") gehen. C = Im Rhythmus ♫♩ abwechselnd patschen und klatschen.

3. Durchgang: wie 1. Durchgang.

4. Durchgang: A = Zu zweien angefaßt zur Seite hüpfen. B = Jetzt zu zweien im Kreis drehen. C = Hände im Rhythmus ♫♩ in die Luft stoßen, dann in der Hocke auf den Boden schlagen.

5. Durchgang: wie 1. Durchgang.

Melodieteil A zum Schluß: Alle hüpfen durch den Raum.

Bei Wiederholungen des Tanzes wird der Lehrer die Formen bei den einzelnen Durchgängen variieren und ihren Wechsel bzw. den Grad der Schwierigkeit der jeweiligen Gruppe anpassen.

Phase 1: Unterscheidendes Hören der Teile und Verdeutlichung durch Bewegungen

● Die Kinder sitzen auf dem Boden und hören die Musik. Der Lehrer fordert sie auf zu erkennen, wieviel Teile der Tanz hat, was in der Regel leicht gefunden wird.

● Beim weiteren Hören sollen sich die Kinder auf die ersten beiden Teile A und B konzentrieren und durch Vergleich herausfinden, welcher Teil besser zum Gehen und welcher besser zum Hüpfen geeignet ist.

● Im nächsten Schritt beglelten die Kinder alle drei Musikteile.
– *Zu A* klatschen sie (leicht und leise): ♫ ♩ | ♫ ♩ usw.
– *Zu B* wird in Vierteln abwechselnd links und rechts auf die Knie gepatscht: links – rechts – links – rechts . . .
– *Zu C* schlagen die Kinder mit den Fingerspitzen in Achteln schnell und leicht auf den Boden: ♫ ♫ usw.

Phase 2: Die angestrebte Tanzform

Die Hauptschwierigkeit der Sternpolka ist für viele Kinder der Wechselhüpfschritt, der seinerseits schon eine Vereinfachung des Polkaschrittes ist. Die *charakteristische Figur des Tanzes*, nämlich *der Stern*, ist aber unabhängig von der Schrittart in Teil A. Darum bietet es sich an, mit vereinfachten Schritten zunächst die folgende Form des Tanzes zu erarbeiten. In einem fortgeschrittenen Stadium kann man dann den Wechselhüpfschritt für Teil A einführen.

Teil A: Die Kinder stehen in Paaren hintereinander gegen den Uhrzeigersinn auf der Kreislinie (Flankkreis). Die inneren Hände sind gefaßt. Zur Melodie A tanzen alle in normalem leichten Hüpfschritt paarweise auf der Kreislinie vorwärts.

Teil B: Die Paare gehen vorwärts auf der Kreislinie. Indem sie schräg nach innen vorwärts gehen, verengen sie den Kreis, bis jeder Tänzer seine linke freie Hand dem Vordertänzer auf die Schulter legen kann. Dann geht jedes Mädchen so weit nach außen, daß die gefaßten inneren Arme in Schulterhöhe waagerecht gespannt sind und streckt den rechten freien Arm ebenfalls waagerecht nach außen. So entsteht die Figur eines sich drehenden Sternes (siehe Titelfoto). Dies muß einige Male mit Geduld geübt werden, bis sich der Stern ohne Hast, aber doch möglichst rasch bildet.

Teil C: Die Jungen drehen sich nach innen und bilden einen Frontkreis. In jedem Takt wird die „Holzhacker"-Figur ausgeführt:

Auf **1** schlägt jeder Junge mit den Händen auf die Knie.

Auf **2** klatscht er in die eigenen Hände und

auf **3** nach außen gegen die Hände der Nachbarn.

Auf **4** wird nach oben neuer Schwung geholt.

Während dieser Zeit tanzen die Mädchen im Hüpfschritt gegen den Uhrzeigersinn um den Jungenkreis herum (später auch hier im Wechselhüpfschritt). Am Schluß der Wiederholung stellen sie sich hinter einen neuen Tänzer. Um ein Durcheinander zu vermeiden, kann man zunächst jede Tänzerin wieder zu ihrem Tänzer zurückkehren lassen.

Phase 3: Erarbeitung des Wechselhüpfschrittes

Der Wechselhüpfschritt ist verwandt mit dem einfachen Hüpfschritt und dem Seitgalopp. Der einfache Hüpfschritt wird auch in Zamar noded und in der Kleinen Farandole getanzt. Der Seitgalopp kommt in der Rhône vor. Darum ist empfehlenswert, die genannten Tänze *vor* der Sternpolka zu tanzen.

Die Erarbeitung des Wechselhüpfschritts geschieht am besten in folgenden Stufen.

● Am besten läßt man die Kinder frei verteilt im Raum zur Musik des A-Teils oder zu einer anderen geeigneten Musik (Blockflöte) einfache Wechselschritte nach vorn tanzen. Der Lehrer sagt an:

links ran links,   rechts ran rechts!

Dabei sollten die Kinder, die den Schritt schon können, ein anderes bei der Hand nehmen und mit ihm üben. Man kann auch in Linien von jeweils drei bis sechs Kindern vorwärts gehen, so daß sie die Schrittfolge voneinander absehen können. Wenn der normale Wechselschritt sicher gekonnt wird, kann man zum Wechselhüpfschritt (er heißt auch Schottischschritt) kommen. Wenn man den jeweils dritten, langen Schritt macht, hüpft man anschließend mit demselben Bein kurz auf. Hilfstext:

links ran links hüpf, rechts ran rechts hüpf.

Auch hier ist durch Vor- und Nachmachen und gegenseitige Hilfe mehr zu erreichen als durch ausführliche Erklärungen. Keinesfalls sollte man den Tanz dadurch „verüben", daß man den Wechselhüpfschritt zu intensiv probt. Lieber immer wieder einmal zwischendurch probieren und so lange die Sternpolka mit einfachem Hüpfschritt in den Teilen A und C tanzen.

III. Die angestrebte Tanzform im Überblick

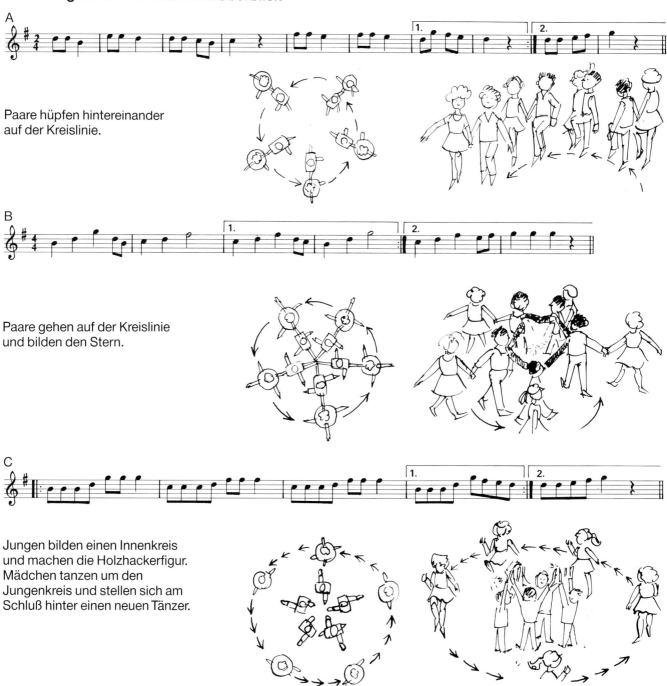

A

Paare hüpfen hintereinander
auf der Kreislinie.

B

Paare gehen auf der Kreislinie
und bilden den Stern.

C

Jungen bilden einen Innenkreis
und machen die Holzhackerfigur.
Mädchen tanzen um den
Jungenkreis und stellen sich am
Schluß hinter einen neuen Tänzer.

Troika

I. Die Musik des Tanzes

(a) Zur Herkunft

Dieser Tanz hat seinen Namen von dem russischen Pferdegespann Troika. Es ist ein Fahrzeug, zumeist ein Schlitten, das von drei Pferden gezogen wird. Das innere Pferd, das sogenannte Stangenpferd, läuft im Trab; die zwei äußeren Pferde bewegen sich im Galopp. Drei Tänzer, die neben- und miteinander tanzen, ahmen dieses russische Pferdegespann nach.

Die Melodie wird ursprünglich von einer Balalaika gespielt. Sie ist das russische Nationalinstrument. Eine Balalaika hat einen dreieckigen Klangkörper und drei Saiten, die über einen langen Hals gespannt sind. Sie werden mit einer Schlagfeder oder mit der Hand angerissen.

(b) Gliederung der Melodie

Die Melodie der Troika ist 16 Takte lang. Sie erklingt nicht immer so, wie die Noten es angeben, weil beim volkstümlichen Musizieren auch Varianten angebracht werden.

Man kann die Teile A und B zu je 8 Takten Länge unterscheiden. Je zwei Takte bilden ein Motiv. Die Motivfolge ist

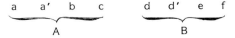

Am Ende von jeweils vier Takten entsteht eine Dehnung durch die Viertel. Dadurch wird eine Gliederung in vier Melodieteile hörbar, nämlich

1.Teil		2.Teil		3.Teil		4.Teil
a	a'	b	c	d	d'	e	f

Diese Gliederung ist für die Bewegungsgestaltung sehr wichtig. Deshalb sollte der Lehrer sie sich beim vorbereitenden Hören bewußt machen.

(c) Schema der Einspielung

Das Arrangement hat sechs Durchgänge mit einem zweitaktigen Vorspiel. Die Spieler verändern die Melodie recht stark durch Verzierungen und Akzentverschiebungen.

	Vorspiel	1.Durchgang				2.Durchgang				3.Durchgang				4.Durchgang				5.Durchgang				6.Durchgang			
Teile		1	2	3	4	1	2	3	4	1	2	3	4	1	2	3	4	1	2	3	4	1	2	3	4
			A		B		A		B		A		B		A		B		A		B		A		B
Takte	2		8		8		8		8		8		8		8		8		8		8		8		8

II. Vorschläge für den Unterricht

Der Troika-Tanz erfordert ein hohes Maß an Konzentration, unter anderem weil er schnell, fast ruhelos getanzt wird. Daraus folgt für den Unterricht, daß wir besonders die Fähigkeiten, schnell zu reagieren, fördern.

Phase 1: Troika als ein Tanz, der an Pferde erinnert

● Der Lehrer erzählt – unter Verwendung des Fotos oben! – von dem Gespann mit drei Pferden, das in Rußland über Jahrhunderte Verwendung fand. **Drei** Pferde sind notwendig, um weite Strecken schnell überwinden zu können. Dieses Gespann nennt man in Rußland Troika. Die Musik, die wir hören, heißt auch Troika. Warum wohl? Weil bei diesem Tanz drei Kinder jeweils zusammen tanzen.

● Die Troika-Musik wird eingespielt. Alle bewegen sich frei im Raum wie Pferde. Dabei sollte nach und nach die Aufmerksamkeit auf die hörende Unterscheidung der Melodieteile gelenkt werden.

● Wir überlegen, wie die beiden Melodieteile durch unterschiedliche Bewegungen deutlich gemacht werden können. Vorschlag: Die Kinder sitzen einzeln im Raum verteilt. Zum Teil A laufen die Jungen (mit 32 Laufschritten), die Mädchen sitzen bzw. hocken. Zum Teil B laufen die Mädchen, die Jungen hocken. Das kann man verstärken, indem Schellenbänder um die Füße gebunden oder in den Händen mitgeführt werden.

Phase 2: Wechsel von Laufen und Stampfen am Platz

● Alle Kinder laufen einzeln zur Musik durch den Raum. Am Ende von jeweils vier Takten (nach 15 Schritten) machen sie einen Schlußsprung. Sie erfahren die Pause am Ende der vier Teile, von denen oben die Rede war.

● Nun versuchen die Kinder, immer nur 12 Schritte zu laufen und die letzten 4 Schritte durch drei Klatscher ♩♩♩♩ zu ersetzen. Die gleiche Übung erfolgt dann mit Stampfen auf der Stelle anstatt des Klatschens.

Phase 3: Übungen in Dreiergruppen

Es empfiehlt sich ein Spiel zum Finden von Dreiergruppen, das auf die Troika-Musik keinen Bezug nimmt. Dieses ist besonders dann sinnvoll, wenn nicht alle hier angeführten Phasen in einer Unterrichtsstunde durchlaufen werden und das Spiel am Anfang einer neuen oder am Ende der vorhergehenden Stunde erfolgt.

Die Kinder gehen zum Rhythmus einer Trommel durch den Raum. Wenn die Trommel eine Pause macht, finden sich – nach vorheriger Ansage – zwei, drei oder vier Kinder. Wer keinen Partner findet, kommt in die Mitte (zum Lehrer).

● Die Dreiergruppen laufen zum *Melodieteil A* frei durch den Raum (32 Schritte). Dann bildet jede Gruppe einen Kreis. Zum *Teil B* tanzen die Kinder – wie in Phase 2 geübt – 12 Schritte rechts herum mit drei Stampfern am Platz, dasselbe ebenso links herum.

Phase 4: Übungen zum Tanzen durch das Tor

● Das Bilden des Tores wird zunächst ohne Musik geübt. Der rechte und der mittlere Tänzer bilden mit den Armen ein Tor, durch das der *linke* Tänzer hindurchgeht. Die Hände sollten dabei nicht gelöst werden; deshalb müssen sich alle drei Tänzer mitdrehen. – Ebenso übt der *rechte* Tänzer den Torgang.

● Nach dem Üben im langsamen Tempo wird der Torgang jetzt schnell mit 8 Schritten zur Musik durchgeführt.

Phase 5: Die angestrebte Tanzform

Melodieteil A
Zum *1. Teil* laufen die Dreiergruppen (mit 16 Schritten) durch den Raum.

2. Teil: Linker Tänzer läuft durch das Tor; sofort anschließend läuft der rechte Tänzer durch das Tor (jeweils 8 Schritte).

Melodieteil B
Zum *3. Teil* bilden die Dreiergruppen Kreise, gehen mit 12 Schritten links herum und stampfen dreimal.

Zum *4. Teil* sind die Bewegungen wie zum 3. Teil, nur in Gegenrichtung rechts herum. Am Ende muß der Kreis wieder zur Ausgangsstellung schnell geöffnet werden.

III. Die angestrebte Tanzform im Überblick

Dreiergruppen laufen durch den Raum.

Linker Tänzer durch das Tor.

Rechter Tänzer durch das Tor.

x x x

x x x

Dreiergruppen laufen im Kreis *links* herum.
Dann dreimal am Platz stampfen (xxx).

Dreiergruppen laufen im Kreis *rechts* herum.
Dann dreimal am Platz stampfen (xxx).

15

Süße Orangen

Naranja dulce

I. Die Musik des Tanzes

(a) Zur Herkunft

Die Musik und der Text dieses Spiel- und Tanzliedes stammen ursprünglich aus Mexiko. Tänze aus Süd- und Mittelamerika sind im letzten Jahrzehnt in Europa sehr beliebt geworden, auch zum Tanzen für Kinder. Das Tanzlied „Naranja dulce" wurde bei uns 1984 zum ersten Mal veröffentlicht. Es beginnt mit „Süße Orangen". Daher hat der Tanz hier seinen Namen. Weil der Text des Originals für uns keine Hinweise zur Bewegungsgestaltung gibt, wird er hier nicht weiter berücksichtigt. Zum Tanzen in der Schule benutzen wir eine instrumentale Fassung der mexikanischen Kinderliedmelodie.

(b) Gliederung der Melodie

Die Melodie des Tanzliedes ist acht Takte lang. Wir bezeichnen sie mit

A

In der Einspielung kommt

B hinzu.

Melodie A bewegt sich im 3/4-Takt. Sie erhält ihre schwungvolle Wirkung durch den Auftakt und die Betonung jeder ersten Zählzeit durch eine Viertel. Der Charakter des 3/4-Taktes ist deshalb bei A wesentlich deutlicher zu erkennen als

71

im Teil B, denn diese bewegt sich vorwiegend gleichbleibend in Achteln. Bei wiederholtem Hinhören erkennt man, daß der Teil A genau genommen eine Melodieerfindung von vier Takten ist, die – mit kleiner, schlußbildender Veränderung – wiederholt wird.

Auch Teil B gliedert sich in zwei viertaktige Perioden. Am Ende der ersten Periode im Takt 4 hat man das Gefühl, daß die Melodie weitergehen muß. Auch im achten Takt entsteht ein nur relatives Schlußgefühl, weil der Auftakt zu A sich gleich wieder anschließt:

Es ist deshalb folgerichtig, daß auf dem Tonträger der gesamte Tanzablauf mit dem Teil A schließt, wie das auch das

(c) Schema der Einspielung

zeigt.

Takte	Vorspiel	1. Durchgang		2. Durchgang		3. Durchgang		4. Durchgang		5. Durchgang		6. Durchgang		Schluß=A
		A	B	A	B	A	B	A	B	A	B	A	B	
	8	8	8	8	8	8	8	8	8	8	8	8	8	8

Die Instrumentierung der sechs Durchgänge ist ziemlich ähnlich. Der Schlußteil A wird jedoch durch ein Trompetensignal ♩♫♪ ⅞ kenntlich gemacht.

II. Vorschläge für den Unterricht

Bei den „Süßen Orangen" handelt es sich um den seltenen Fall eines Tanzes für Kinder im Dreivierteltakt. Wir können nicht bei allen Grundschulkindern davon ausgehen, daß ihr Körpergefühl für den ungeraden Takt ausgeprägt ist. Um Schwierigkeiten bei der Gestaltung der „Süßen Orangen" zu vermeiden und der Gefahr des langweilenden Übens vorzubeugen, schlagen wir dringend vor, in gesonderten, vorausgehenden Unterrichtsstunden das Gefühl für Musik im ungeraden Takt zu fördern. Der Lehrer sollte beachten: Der Dreivierteltakt erfordert ein spezielles Körper*gefühl*, anders als der gerade Takt. Es geht also nicht primär um das Mitzählenkönnen, sondern um das (schwer zu beschreibende) Gefühl, ungerade Betonungsvorgänge mit dem ganzen Körper zu realisieren. Es ist angebracht, dieses mit Hilfe von Liedern zu fördern.

Phase 1: Kennenlernen der Tanzmusik „Naranja dulce"

● Die Kinder *hören die Musik* und äußern sich dazu. Nach mehrmaligem differenzierenden Hören sollten alle die zwei Teile der Musik erkennen und zum Beispiel durch Handzeichen den Wechsel der Musikteile angeben können.

● Die Kinder *bewegen* sich *zur Musik* locker im Raum, zuerst einzeln, dann in Schlangen und im Flankenkreis. Sie versuchen, die Betonungen des Dreiertaktes körperlich darzustellen. Wenn es möglich ist, wird auf die Betonungsfolge des Dreiertaktes bei Liedern in vorhergehenden Stunden zurückgegriffen. Die Teile A und B sollen unterschiedlich gestaltet werden. Gestaltungshilfe: „Bei welchem Musikteil müssen wir schwungvolle Bewegungen machen?"

Phase 2: Spiele mit Bändern

Vorweg wird für jedes Kind ein bunter Bandstab hergestellt. Eine *Arbeitsanleitung* findet man am Ende dieser Einheit.

● *Bekanntwerden mit dem Material.* Die bunten Bänderstäbe liegen in der Mitte des Raumes, die Kinder sitzen im Kreis. Wenn Stille eingetreten ist, fordert der Lehrer durch Blickkontakt jedes Kind einzeln auf, ein Band zu holen. Erst, wenn jeder einen Bandstab hat, probieren wir aus, was man damit machen kann.

● *Freies Spiel mit Bändern.* Kinder, die eindeutige Bewegungsformen erfinden, machen sie vor. In der Praxis bildeten sich die folgenden Formen am meisten heraus.

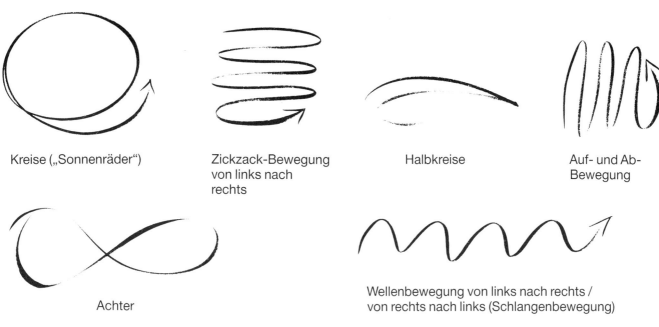

Kreise („Sonnenräder")   Zickzack-Bewegung von links nach rechts   Halbkreise   Auf- und Ab-Bewegung

Achter   Wellenbewegung von links nach rechts / von rechts nach links (Schlangenbewegung)

● *Freies Spiel mit Bändern zur Musik.* Während die Musik erklingt, probieren wir aus, welche von den gefundenen Bewegungsformen am besten zu A, welche am besten zu B passen. Es ist zu empfehlen, zum Musikteil A *eine Bewegungsform* zu wählen, *die immer wiederkehrt*, zum Musikteil B *drei* Bewegungsformen, die abwechseln. So entsteht bei sechs Durchgängen eine klare formale Gliederung, wie sie unter III aufgeführt ist.

● Die hier vorgeschlagene Form ist *eine* Möglichkeit. Sie wurde von Kindern eines vierten Schuljahres gefunden.

Aufstellung: Die Kinder stehen im Kreis mit dem Gesicht in Tanzrichtung. Sie halten den Stab in der rechten Hand und das Band mit der linken Hand.

Vorspiel: Alle stehen still.

Teil A: Die Kinder schwingen am Platz die Bänder in großen Kreisen („Sonnenräder"), – und zwar alle im Uhrzeigersinn. Variante: Bei der Wiederholung von A geht man in großen Schritten im Dreiertakt und schwingt gleichzeitig die Bänder.

Teil B: Alle drehen sich zur Mitte. Die Kinder schwingen dann die Bänder

– beim 1. und 4. Durchgang in Auf-ab-Bewegungen

– beim 2. und 5. Durchgang in Achter-Bewegungen

– beim 3. und 6. Durchgang in Zickzack-Bewegungen von links nach rechts.

Teil A nach dem 6. Durchgang: Alle drehen sich mit dem Gesicht zur Mitte und schwingen „Sonnenräder" wie vorher. Mit großem Schwung aufhören, während die Melodie auf hohem Ton endet! (siehe Titel-Foto). Es gab auch Kinder, die so begeistert waren, daß sie den Bänderstab in die Luft warfen.

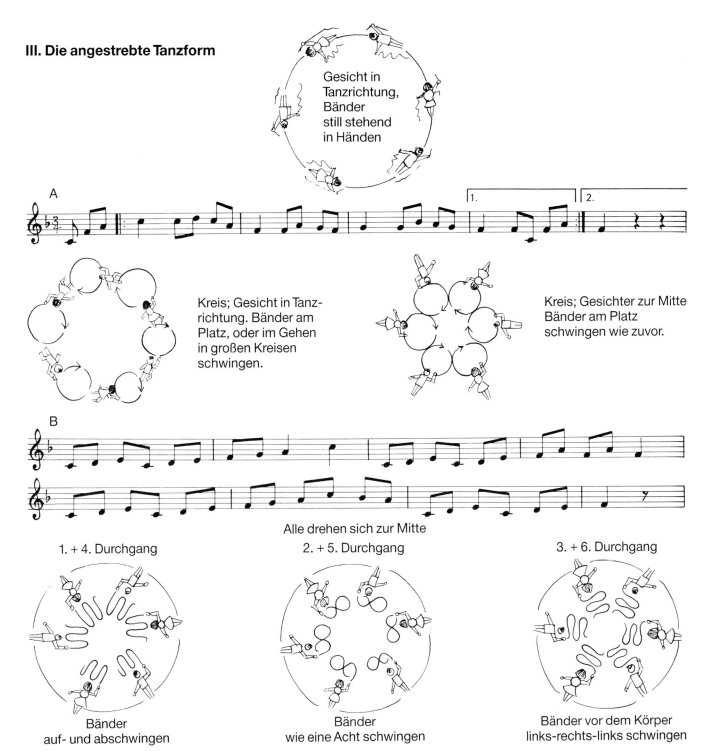

III. Die angestrebte Tanzform

Gesicht in Tanzrichtung, Bänder still stehend in Händen

A

Kreis; Gesicht in Tanzrichtung. Bänder am Platz, oder im Gehen in großen Kreisen schwingen.

Kreis; Gesichter zur Mitte Bänder am Platz schwingen wie zuvor.

B

Alle drehen sich zur Mitte

1. + 4. Durchgang

2. + 5. Durchgang

3. + 6. Durchgang

Bänder auf- und abschwingen

Bänder wie eine Acht schwingen

Bänder vor dem Körper links-rechts-links schwingen

Arbeitsanleitung für Bänderstäbe

Material: Rundstab, Länge 50 cm
Durchmesser 1,5 cm

Band: Breite 5 cm
Länge 2,80 m
Das Band muß von fester Beschaffenheit sein, damit es gut schwingen kann. Gewöhnlicher Schleifentaft ist nicht geeignet.

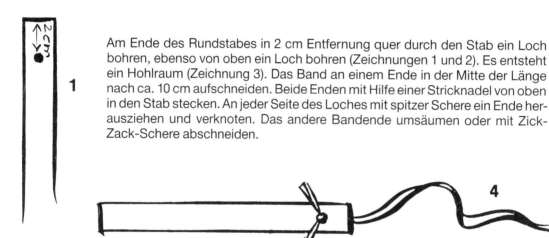

Am Ende des Rundstabes in 2 cm Entfernung quer durch den Stab ein Loch bohren, ebenso von oben ein Loch bohren (Zeichnungen 1 und 2). Es entsteht ein Hohlraum (Zeichnung 3). Das Band an einem Ende in der Mitte der Länge nach ca. 10 cm aufschneiden. Beide Enden mit Hilfe einer Stricknadel von oben in den Stab stecken. An jeder Seite des Loches mit spitzer Schere ein Ende herausziehen und verknoten. Das andere Bandende umsäumen oder mit Zick-Zack-Schere abschneiden.

(4) Schulische Rahmenbedingungen

Anlässe zum Tanzen in der Grundschule

Das Tanzen in der Grundschule wird nicht in allen Fällen in Form eines aufbauenden Lehrgangs geschehen. Am häufigsten ist *das gelegentliche Tanzen*. Dazu bieten das Schulleben und der Grundschulunterricht mannigfache Anlässe. Wenn wir einige hier nennen, dann möge das als Aufforderung verstanden werden, sie so oft wie möglich zu nutzen. Eine Unterrichtsstunde bekommt eine positive Grundstimmung, wenn an ihrem Anfang ein Tanz steht. Für die Musikstunde sucht man solche Tänze aus, deren Melodie- und Rhythmusmuster musikdidaktisch weitergeführt, bewußt gemacht oder aufgeschrieben werden können. Im Sportunterricht kann ein Tanz zum Aufwärmen gute Dienste tun. Und im Religionsunterricht oder auch im übrigen Schulunterricht wäre ein Tanz ein guter Einstieg zu Themen wie „So leben Kinder in anderen Ländern". – Unabhängig von der fachlichen Gliederung des Unterrichts ist ein Tanz immer angebracht zum Ausgleich und zur körperlichen Erholung zwischen (einseitig) anstrengenden Unterrichtsstunden. – Einen besonderen Stellenwert bekommen Tänze beim Aufenthalt im Landschulheim oder in den letzten Stunden vor Ferienbeginn. Wenn das Tanzen dann klassenübergreifend geschieht, erhält das Schulleben unverwechselbare Akzente.

Vom gelegentlichen Tanzen hebt sich *die geplante Unterrichtssequenz* im Musik- und/oder Sportunterricht ab. Besondere Aufmerksamkeit ist auf Wahlpflichtgruppen bzw. Arbeitsgemeinschaften Tanz zu richten, die in Grundschulen viel zu selten eingerichtet werden. Unterrichtssequenzen über einen längeren Zeitraum hin zu festgesetzten Zeiten im Stundenplan verfolgen das Ziel, einfache Tanzformen auf ästhetisch befriedigende Weise mit der Lerngruppe zu erarbeiten. Dabei darf allerdings die Freude der Kinder am Tanzen nicht durch einen Tanzkurs mit dem Üben von Schritten verdrängt werden. Auch in einer Tanz-Arbeitsgemeinschaft muß den Kindern Gelegenheit zur Erfindung von Bewegungsarten und kleinen Tanzformen gegeben werden. Dies droht häufig am Zeitfaktor zu scheitern. Doch da es nicht darauf ankommt, daß die Kinder viele Tänze können, sollte man nicht auf ihre Bewegungserfindungen verzichten. In einer Unterrichtssequenz Tanzen sollte man von leichten Tanzformen ausgehen und in jedem Tanz Elemente berücksichtigen, die im jeweils folgenden Tanz wieder aufgegriffen werden, wozu dann aber etwas Neues kommt. Am Schluß einer solchen Sequenz könnte die Aufgabe stehen, die Form zu einer unbekannten Tanzmusik zu erfinden. – Für den Fall einer aufbauenden Unterrichtssequenz Tanzen schlagen wir die folgende Reihe vor. Besonders berücksichtigt werden Bewegungen von einzelnen Kindern und von allen in Kreisform

- Zamar noded,
- Indo Eu,
- Teppichknüpfen,
- Siebensprung,
- Hashual,
- Süße Orangen.

Ein dritter Anlaß ist häufiger, als man annimmt: Bei einem *Schulfest* oder zur Begrüßung der Schulanfänger soll ein Tanz vorgeführt werden. Zum Erarbeiten ist wenig Zeit vorhanden, und die Kinder, die andere mit einem Tanz begrüßen sollen, sind keine Profis. In solchen Situationen sind einfache Tänze am besten geeignet, bei denen sich bald ein Erfolgserlebnis einstellt. Das ist der Fall bei

- Rösselsprung,
- Ku-tschi-tschi,
- Teppichknüpfen,
- Hashual.

Schließlich möchten wir noch auf das *Tanzen mit Eltern* hinweisen. Neben dem gemeinsamen Singen und gemeinsamen Werken ist dieses eine außergewöhnliche Gelegenheit, daß in der Grundschule Kinder und Eltern gemeinsam handeln. Manchmal muß man die Eltern dazu überlisten. Das geht am besten nach dem Schneeballsystem. Einige Kinder tanzen einen Durchgang vor und holen sich für den nächsten Durchgang rechtzeitig Vater oder Mutter als Partner. Es eignen sich dazu besonders die Tänze

- Zamar noded,
- Braek mixer,
- Spring-ins-Feld,
- Hashual,
- Rösselsprung,
- Balaio.

Wenn Tänze „gekonnt" sind, ergibt sich bei Kindern wie Erwachsenen nicht selten der Wunsch, sie anderen vorzuführen bzw. sie mit den Tanzergebnissen anderer Gruppen zu vergleichen. Aus diesem Wunsch heraus hat sich an einigen Orten eine empfehlenswerte Praxis entwickelt. Einmal im Jahr wird ein regionales Treffen von Tanzgruppen aus Grundschulen organisiert. In Bielefeld findet seit zwei Jahren im Juni an einem Schulvormittag ab 10 Uhr ein Tanztreffen aller interessierten Grundschulen statt. In einer großen Turnhalle treffen sich Klassen oder Arbeitsgemeinschaften, die im Sport- oder Musikunterricht tanzen. Begonnen wird mit einer Polonaise, dann tanzt jede Gruppe ein oder zwei Tänze vor. Ein Offenes Tanzen aller Gruppen schließt den Vormittag ab. Durch die vielen teilnehmenden Gruppen ergeben sich viele Anregungen: Das Spektrum reicht von Spielliedern der Eingangsklassen über Kreistänze und andere einfache Formen bis zu Bändertänzen oder Square-Dances von geübteren Arbeitsgemeinschaften.

Das Problem des Raumes

Der Raum, in dem wir mit den Kinder Tänze erarbeiten, hat Einfluß auf die Tanzgestaltung, das Sich-Wohlfühlen und das Raumgefühl der Kinder. Der Lehrer möge deshalb keine Mühe scheuen, nach einem geeigneten Raum Ausschau zu halten, weil sich die Beschaffenheit des Raumes, vor allem seine Größe, auf die Unterrichtsatmosphäre auswirkt. Die Entwicklung des Formgefühls der Kinder wird vom Raum entscheidend mit geprägt.

Der Raum ist insofern ein Problem, weil man zum Tanzen viel Platz braucht, unsere Klassenräume jedoch mit notwendigem Mobiliar, Tischen, Stühlen etc. mehr oder weniger vollgestopft sind. Dieses Handicap sollte nicht abschrecken, mit Kindern zu tanzen. Wenn so viele Gründe wie oben angegeben für das Tanzen sprechen, sollten wir nicht darauf warten, bis durch behördliche Maßnahmen Räume zum Tanzen bereitgestellt werden.

Hat man die Möglichkeit, einen Raum neu einzurichten, so ist ein rutschfester Boden, zum Beispiel Linoleum auf Filz oder Teppichboden anzustreben. Die Normalsituation wird jedoch so aussehen:

– Der Klassenraum muß ausgeräumt werden. Das spielt sich rasch ein und lohnt sich aus guten Gründen.

– Ein leerstehender Klassenraum wird für das Tanzen umfunktioniert. Das sollte bei den sinkenden Schülerzahlen in mancher Schule bei gutem Willen möglich werden.

– Ideal und anzustreben ist ein Gymnastikraum mit oder ohne Teppichboden. Läßt sich dieser nicht einrichten, so ist das Tanzen – mit gewissen Einschränkungen – auch in der Turnhalle möglich.

Bei gutem Willen müßten also die Bedenken, die manche gegen das Tanzen in der Grundschule wegen fehlender passender Räumlichkeiten haben, gegenstandslos werden.

(5) Fachausdrücke

Die vorliegende Veröffentlichung wendet sich auch an solche Grundschullehrer, die nicht mit der Weitergabe von Tänzen und den damit verbundenen sprachlichen Eigenbezeichnungen vertraut sind. Darum wurde bei der Beschreibung der Tänze so weit wie möglich auf Fachausdrücke verzichtet. Die Aufstellungen, Fassungen und Schritte der Tänzer sind an Ort und Stelle erklärt und durch Fotos und Zeichnungen verdeutlicht. Einige spezielle Bezeichnungen sind jedoch unvermeidbar. Sie werden hier in einer Übersicht zusammengefaßt.

Tanzrichtungen

Die in vielen Tanzbüchern verwendeten Bezeichnungen „in Tanzrichtung" und „gegen die Tanzrichtung" beschreiben die Bewegung „rechtsherum" und „linksherum", wenn die Tanzenden im durchgefaßten Kreis mit dem Gesicht zur Mitte stehen. Ursprünglich richtete man sich nach dem Lauf der Sonne, die scheinbar einen Bogen von rechts (Osten) nach links (Westen) schlägt. Daher kommen die Redewendungen „mitsonnen" oder „gegensonnen tanzen".

Einfacher ist es, die Vorstellung des Uhrzeigers zu Hilfe zu nehmen. „Gegen den Uhrzeiger" zu tanzen ist dasselbe wie rechtsherum = in Tanzrichtung tanzen. „Mit dem Uhrzeiger" heißt linksherum = gegen die Tanzrichtung tanzen.

mit dem Uhrzeiger
(gegen die Tanzrichtung)

gegen den Uhrzeiger
(in Tanzrichtung)

Durchgang

Jede Tanzmusik wird mehrmals wiederholt. Bei jeder Wiederholung wird dieselbe Tanzform getanzt. Diese Folge der Tanzmusikwiederholungen nennt man Durchgänge; bei einem Lied würde man von Strophen sprechen.

In diesem Buch wird die Anzahl der Durchgänge zu jedem Tanz durch ein graphisches Schema verdeutlicht.

Aufstellungen

a) **Durchgefaßt im Stirn- oder Frontkreis**
Die Kinder stehen im Kreis, beliebig gemischt oder in Paaren. Jeder faßt seine beiden Nachbarn bei den Händen, alle blicken zur Mitte.

b) **Aufstellung in der Gasse**
Die Kinder stehen, in der Regel paarweise, einander gegenüber und bilden dabei eine Gasse. Diese sollte nicht zu lang sein. Oft ist die Zahl der Paare durch die Zahl der Durchgänge des Tanzes bestimmt, damit jedes Paar einmal drankommt.

c) Flankenkreis zu Paaren

In einem großen Kreis stehen die Paare hintereinander auf der Kreislinie im Uhrzeigersinn oder in der Gegenrichtung. In der Regel steht der Junge links und das Mädchen rechts. Beide fassen sich bei den inneren Händen.

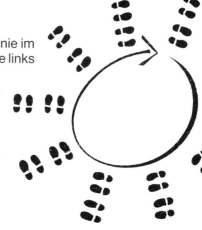

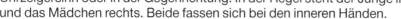

d) Aufstellung frei im Tanzraum

Die Kinder stehen, einzeln oder in Paaren, frei verteilt auf der Tanzfläche. Bei dieser Aufstellung sollte man darauf achten, daß die Tänzer gleichmäßig verteilt sind und daß diese Verteilung auch während des Tanzes beibehalten wird.

Fassungen

a) V- und W-Fassung

Bei den offenen Fassungen im Kreis oder bei Paaren kann man sich für eine dieser beiden Fassungen entscheiden. Wir schreiben für die Praxis in der Grundschule absichtlich keine bestimmten Fassungen vor.

Bei der V-Fassung sind die herabhängenden Hände der Partner so gefaßt, daß sie ein „V" bilden. Dieses soll nicht so eng sein, daß man sich nicht bewegen kann, und nicht so weit, daß die Fassung bei der Bewegung abreißt.

Bei der W-Fassung werden die gefaßten Hände bis zur Schulterhöhe gehoben, so daß die Arme zusammen ein „W" bilden. Das sieht bei ruhigen Tänzen oft schöner aus als die V-Fassung.

b) Eingehakte Fassung

Tänzer und Tänzerin haken sich mit den rechten oder linken Armen ein. Dabei können die freien Arme locker herunterhängen, in die Seite gestützt oder über den Kopf gehoben werden.

c) **Tor**
Ein Tor wird von zwei Kindern mit jeweils einer Hand oder mit beiden erhobenen Händen gebildet.

d) **Zweihandfassung**
Zwei Kinder stehen sich gegenüber und geben sich beide Hände, zum Beispiel zum Seitgalopp oder um einen Paarkreis zu bilden.

Schritte

a) **Gehschritte**
Der Gehschritt zur Musik bietet eigentlich keine Probleme und sollte deswegen nicht geübt werden. Man wird aber als Tanzleiter merken, daß er sich, je nach Musik des Tanzes, doch etwas vom normalen Gehen unterscheidet. Einmal ist er fließender, ein anderes Mal akzentuierter und federnder. Diese kleinen Unterschiede bewußt zu machen und ohne Künstlichkeit zu verstärken, ist eine schöne Aufgabe.

b) **Laufschritte**
Der Laufschritt entwickelt sich von selbst aus dem Gehschritt, wenn das Tempo rascher wird. Auch hier verlangt die Musik Unterschiede: Der fließende Laufschritt vieler Tänze hat eine andere Qualität als zum Beispiel der etwas gestampfte Laufschritt bei „Seven Jumps".

c) **Hüpfschritte**
An sich kann jedes Kind hüpfen. Kompliziert ist nur die Erklärung. Darum macht man den Hüpfschritt am besten zu einer passenden Musik vor und läßt die Kinder frei im Raum hüpfen, eventuell im Wechsel zu normalem Gehschritt, zum Beispiel zur „Kleinen Farandole".

Theoretisch betrachtet entsteht der Hüpfschritt, wenn man beim Laufen mit dem Fuß, den man gerade aufgesetzt hat, noch einmal aufhüpft, also: links – hüpf; rechts – hüpf, usw.

Auch beim Hüpfen gibt es Unterschiede: Mehr senkrecht betontes Hüpfen, bei dem man wenig von der Stelle kommt, oder ein flacher, raumgreifender Hüpfschritt, der fast wie ein Laufschritt mit kaum merkbarem, eingeschobenem Hüpfen aussieht.

d) **Wechselschritte**
Der Wechselschritt entsteht, wenn man beim Gehen oder Laufen nach einem halben Schritt den anderen Fuß nicht nach vorn setzt, sondern nur schließend heranzieht und dann den ersten Fuß noch einmal nach vorn setzt. Also: links – ran – **links**, rechts – ran – **rechts**, usw. Bei geraden Takten ist dann auf der vierten Zählzeit eine Pause, die durch den Fettdruck angedeutet wird.

Es ist empfehlenswert, den Wechselschritt, wenn überhaupt notwendig, nicht in einem langsamen Tempo zu üben, da er dann nicht einfacher, sondern schwerer wird.

e) **Wechselhüpfschritt** (auch „Schottisch")
Er ergibt sich, wenn man beim Wechselschritt im geraden Takt auf dem letzten, längeren Schritt aufhüpft (Zählzeit 4), also: links – ran – links hüpf, rechts – ran – rechts hüpf.

f) **Seitlicher Nachstellschritt**
Ein Schritt, den man nicht üben, sondern nur einmal vormachen muß. Man stellt den einen Fuß zur Seite, verlagert das Gewicht auf ihn und zieht den anderen heran. Das wiederholt sich.
Nachstellschritt nach rechts: Rechts – ran, rechts – ran, usw.
Nachstellschritt nach links: Links – ran, links – ran, usw.

g) **Seitgalopp**
Er entsteht ganz von selbst, wenn der seitliche Nachstellschritt zu entsprechender Musik schnell ausgeführt wird. Am besten läßt man die Kinder Nachstellschritte gehen und beschleunigt dabei das Tempo der Begleitung (Flöte, Klavier oder Handtrommel). Dann lösen sich von selbst die Füße vom Boden, und aus dem seitlichen Schritt wird ein Hüpfer, bei dem für kurze Zeit beide Füße in der Luft kurz berühren. Dabei scheint der nachgesetzte Fuß den anderen zur Seite zu schieben.

h) **Wechselsprünge oder Schrittsprünge**
Man springt mit beiden Füßen gleichzeitig von einer Schrittstellung in die andere, so daß die Füße abwechselnd vorn und hinten sind. Der erste Sprung kommt aus der Grundstellung, bei der beide Füße nebeneinander stehen.

6. Literatur

Bergmann, Anneliese/Reusch, Arnold: . . . bis die Sohle fällt vom Schuh. Diesterweg-Verlag Frankfurt 1982
van Doorn-Last, Femke: Hoy-hoy 1 und 2, Alte und neue Kindertänze, Kallmeyer-Verlag 1981, 1983, Seelze
van Doorn-Last, Femke: Volkstanz lehren und lernen, Kallmeyer-Verlag 1985, Seelze
Gaß-Tutt, Anneliese: Tanzkarussell 1, Tänze für Kindergarten und Grundschule, Fidula-Verlag Boppard/Salzburg 1972
Gaß-Tutt, Anneliese: Kinderparty – Kinderspaß, Fidula-Verlag Boppard/Salzburg 1980
Haselbach, Barbara: Tanzerziehung, Grundlagen und Modelle für Kindergarten, Vorschule und Grundschule, Klett-Verlag Stuttgart 4/1984
Haselbach, Barbara: Improvisation, Tanz, Bewegung. Klett-Verlag Stuttgart 4/1987
Krause-Wichert, Hannelore: Kindertänze für Vor- und Grundschule, Kallmeyer-Verlag 1979, Seelze
Mahler, Madeleine: Kreativer Tanz, Zytglogge-Verlag Bern 5/1985
Maruhn, Heinz: Wie fang ich's an, Methodische Handreichungen der Tanzvermittlung im Elementar- und Primarstufenbereich, Fidula-Verlag Boppard/Salzburg 1986
Posada, José/Reckmann, Hiltraud: Escondido, So tanzen und musizieren Kinder in Südamerika, Fidula-Verlag Boppard/Salzburg 1978
Posada, José/Reckmann, Hiltraud: Balaio, So tanzen und musizieren Kinder in Südamerika, Fidula-Verlag Boppard/Salzburg 1981
Posada, José/Reckmann, Hiltraud: La Vibora – Die Schlange, Spiel- und Tanzlieder aus Mexiko, Fidula-Verlag Boppard/Salzburg 1983
Tanzchuchi, Tanzen in der Schule und Freizeit, Zytglogge-Verlag Bern 1981